LAICOS CONSAGRADOS
POR EL BAUTISMO

ExLibric

ROGER MULLOR RODRÍGUEZ

LAICOS CONSAGRADOS POR EL BAUTISMO

EXLIBRIC
ANTEQUERA 2024

LAICOS CONSAGRADOS POR EL BAUTISMO
© Roger Mullor Rodríguez
Diseño de portada: Dpto. de Diseño Gráfico Exlibric

Iª edición

© ExLibric, 2024.

Editado por: ExLibric
c/ Cueva de Viera, 2, Local 3
Centro Negocios CADI
29200 Antequera (Málaga)
Teléfono: 952 70 60 04
Fax: 952 84 55 03
Correo electrónico: exlibric@exlibric.com
Internet: www.exlibric.com

ISBN: 979-13-87528-34-8
Depósito Legal: MA 2937-2024

Impresión: PODiPrint
Impreso en Andalucía – España

Nota de la editorial: ExLibric pertenece a Innovación y Cualificación S. L.

ROGER MULLOR RODRÍGUEZ

LAICOS CONSAGRADOS
POR EL BAUTISMO

Prólogo

Para pasar a la acción transformadora de uno mismo, en cristiano, católico, y sentirse protagonista en un movimiento espiritual. Estos escritos forman parte de la devoción por Jesucristo y su visión profética en la Iglesia, con fundamentación cristiana católica, con aportaciones bíblicas, sobre todo del Nuevo Testamento y de un proceso personal, para la formación individual espiritual y en grupo, fruto de muchos años en la edificación propia y comunitaria, compartida por los que se sentían atraídos por este proyecto. Con textos fruto de revelaciones del Señor Dios Trinidad y la Virgen María, y también con la colaboración de autores espirituales.

Un camino propio, una espiritualidad propia, como experiencia vital personal. Aportaciones vitales que pueden ayudar a otras personas por haber superado muchos dolores y de muchas cruces superadas, para los que el señor Dios Trinidad, Jesús y la Virgen María daban todo el influjo sobrenatural: su gracia.

Estos textos no tienen la pretensión explícita, aunque pueda parecerlo, de formar un movimiento, sino que más bien es para el fruto personal de crecimiento en la fe cristiana, católica; como edificación para cualquier persona y como tal abierta a todo completamente. A Dios gracias.

Nota:
Este libro y también más específicamente el capítulo 16 y siguiente se puede interpretar como una catequesis que puede llevar a una auténtica conversión.

1

Inicio

Quiere ser un espacio de oración. Una comunidad de encuentro. De encuentro con Dios, con los demás y con uno mismo, con los objetivos principales ya marcados al principio (ver *Nosotros*, cap. 3), quiere o pretende ser independiente de los otros movimientos cristianos católicos, porque es también diferente a los demás. Por supuesto que compartimos los principales objetivos de cualquier movimiento seglar o laical que tienen como referentes y están vinculados a órdenes particulares de otras perspectivas también católicas, aunque tenemos nuestras propias especificidades.

Queremos repetir que este movimiento es de compromiso, es decir, que necesita para su desarrollo individual y colectivo este compromiso personal. Que es en principio con uno mismo y evidentemente con Dios, básicamente, aunque también con la comunidad que se va formando a medida que se va avanzando en el camino, y que en definitiva crece al ritmo del Espíritu Santo; que es el mismo de Jesucristo nuestro señor; que es quien en definitiva nos alimenta, por decirlo así, nuestra alma y nuestra vida. Para resultar espíritus cada vez más llenos de Él, nuestro Maestro, Guía y Señor. En constante crecimiento, hasta completarlo totalmente. Sí, compromiso, pero amoroso, sobre todo, con amor, porque Dios es amor.

2

Historia

Para conseguir los objetivos señalados en el inicio, debemos mostrarnos propicios a estar en oración permanente con Dios, a frecuentar los sacramentos de la Penitencia y la Eucaristía, así como frecuentar las lecturas de la Biblia, especialmente, del Nuevo Testamento y, particularmente, el Evangelio de san Juan y también sus otros escritos: el Apocalipsis y sus cartas, donde en estas últimas se muestra especialmente claro a disponernos a llevar una vida santa. Y, además, de radical actualidad. Y a tener espacios de silencio interior y a poder ser exterior para el encuentro personal con Dios.

- Un movimiento de laicos y sacerdotes también, religiosos, consagrados; para todos.
- Creyentes
- Cuanto más comprometidos mejor
- Comunicados
- Abiertos siempre a la gracia de Dios.

Para laicos adultos en el sentido de que ya tienen una formación religiosa básica y que cumplen los requisitos de un laico: es decir, que han recibido los sacramentos del bautismo, la comunión y la confirmación. Que libremente acogen al Espíritu Santo por la gracia de Dios, en actitud humilde y perseverante.

Que oran con frecuencia (cada día).

Que intentan frecuentar los sacramentos de la Eucaristía y la Penitencia con las disposiciones debidas por la Iglesia católica, que son la principal fuente de gracia santificante, instituida por Jesucristo nuestro señor.

Que intentan estar abiertos, por lo tanto, a los demás: cristianos y no cristianos; creyentes y no creyentes. De todas las religiones, respetándolas.

Con el afán de cumplir al máximo de las posibilidades con el mandamiento de nuestro señor Jesucristo: amarnos los unos a los otros como Él nos ha amado.

Con el fin de ser cada día mejores cristianos. Con el pensamiento puesto en la Iglesia: ¿qué haríamos sin ella? Somos también parte de ella.

Sintiéndonos profundamente amados por nuestro señor Jesucristo.

Con una disposición central de amorAmor a todos nuestros hermanos, sabiendo discernir cuánto sea preciso de lo que es de este mundo (o sea, pasajero y mejorable, solamente humano) de lo que es fundamental y con naturaleza de eternidad (o sea, en el fondo divino).

En el fondo, el fin último es llegar a ser lo que Dios y su hijo, Jesucristo, han pensado para nosotros, nosotras y los demás como mejor para nosotros, nosotras y los demás, en este mundo, con la mirada puesta en el Reino de Dios, o sea, en el Cielo, o sea, con visión trascendente. O, con otras palabras, llegar al advenimiento mismo del reino de Dios en este mundo, hasta la Parusía, o sea, hasta el final de este mismo mundo, y quizás falta añadir haciendo lo que haga falta hacer para cumplir con este objetivo.

3

Nosotros

1. Evangelizar
2. Aprender
3. Comunidad
4. Resumen: santificarse

Preámbulo: Por el bautismo hemos sido consagrados a Dios, o sea, que simplemente por este solo sacramento formamos parte de la vida mística y «física» de Dios.

Del punto dos (Aprender):

¿Ya eres consciente de que Dios quiere ayudarte?

Seguimiento de la vida de Jesús

Acompañamiento de san Juan Evangelista

Vida de los grandes santos.

La actualidad desde el Evangelio (también crítica) *Vida sacramental: básicamente, los sacramentos de la Penitencia y de la Eucaristía, como fundamento de la vida de la gracia de Jesús sacramentado.

Otro punto muy importante: la oración, la lectura de la Biblia, sobre todo del Nuevo Testamento, su reflexión y meditación para implicarnos en nuestra vida interior y exterior.

Del punto 1: podemos partir de la base de que cualquier acción de caridad es, en el fondo, evangelizadora. Por lo tanto, sabemos que el camino es el amor y más hecho caridad, y más si es compartiendo o pasando sufrimiento ofrecido a Dios. Él, que siempre nos escucha, sabe transformar el sufrimiento en santificación (punto 4).

Aprender a formar comunidad desde la familia (Iglesia doméstica): esposos, padres, hijos, etc. Parroquia, movimientos. Trabajo. Calle. Lugares de necesidad y precariedad: colaboración a fondo.

Por lo tanto, aprender a amar siempre más y mejor según el Evangelio, la oración y la consulta al catecismo de la Iglesia católica como referencia moral y ética cristiana.

Guía espiritual por un sacerdote.

Podemos editar un memorando básico, para crear comunidad y rezar juntos y unir objetivos y fuerza moral.

Aumentar así nuestra fe, esperanza y, por lo tanto, tiene que venir la caridad. Donde: donde sea, porque la mies es mucha… (de hecho, también espíritu misionero)[1].

Para mantenernos siempre en la presencia de Dios, Padre, Hijo y Espíritu Santo, amándole a Él en todas las personas, sin excluir a nadie. Sabiéndonos y sintiéndonos amados completa y eternamente por Él, que nos lleva en su mano amorosa, como si fuéramos su único hijo. «Porque Jesús es la alegría de nuestros corazones; […] para sentirnos como Él».

«Dios se hace hombre para hacer al hombre Dios», porque para Dios no hay nada imposible.

---

[1]   Por su interés, le anotamos la consagración a la Santísima Virgen María y, por medio de ella, a Jesucristo nuestro señor en el enlace: ladivinamisericordia.org/33dias/versiondigital (http://www.ladivinamisericordia.org/33dias/versiondigital/).

Programa–resumen–guía

Santidad personal: crucificarnos y cristificarnos continuamente: ni más ni menos: Cristo en nosotros; ¡vivir en Él siempre! Siempre convertirnos: rasgarnos el corazón.

Hacer y ser como Cristo mismo en la Tierra. Fe en la caridad, para, como, en Cristo y, por lo tanto, siempre estar en su presencia: ¡siempre estar en Él! El medio, el origen y el fin es este: ¡el Cristo! El Cristo total en todos.

¡Siempre darnos a todos y con total amor! Y así, como Él: negarnos y llevar la cruz/ces y seguirlo a Él.

<u>Poner esto en práctica personalmente,</u> sabiendo que tenemos un aliado perfecto y omnipotente: Dios hecho hombre: El Cristo, por la Virgen María. ¡Amén!

4

Carisma

Es una fraternidad en un clima de amistad, unidos en el amor de Jesús, Dios y hombre verdadero, y que oran, individual y colectivamente, y realizan algún apostolado.

¿Qué significa el apostolado? ¿Quiénes son los apóstoles hoy?

La palabra griega *apostoloi* significa enviado. Hace referencia a la llamada que hace Jesucristo a los apóstoles para que continúen con su propia misión: anunciar el reino de Dios por todo el mundo. «Si no nos convencemos, miremos a los primeros discípulos, quienes inmediatamente después de conocer la mirada de Jesús, salían a proclamarlo gozosos: «¡Hemos encontrado al Mesías!». ¿A qué esperamos nosotros?».

Todo cristiano es misionero en la medida en que se ha encontrado con el amor de Dios en Cristo Jesús; ya no decimos que somos «discípulos» y «misioneros», sino que somos siempre «discípulos misioneros». Si no nos convencemos, miremos a los primeros discípulos, quienes inmediatamente después de conocer la mirada de Jesús salían a proclamarlo gozosos: «¡Hemos encontrado al Mesías!» (Juan 1, 41). La samaritana, apenas salió de su diálogo con Jesús, se convirtió en misionera y muchos samaritanos creyeron en Jesús «por la palabra de la mujer» (Juan 4, 39). También san Pablo, a partir de su encuentro con Jesucristo, «enseguida se puso a predicar que Jesús era el Hijo de Dios»

(Hechos de los Apóstoles 9, 20). ¿A qué esperamos nosotros? Papa Francisco, *Evangelii Gaudium*, 120.

Todos somos discípulos misioneros.

Estos capítulos que siguen aquí son de la *Exhortación Apostólica* del santo padre Francisco.

119. En todos los bautizados, desde el primero hasta el último, actúa la fuerza santificadora del Espíritu que impulsa a evangelizar. El Pueblo de Dios es santo por esta unción que lo hace infalible *in credendo*. Esto significa que cuando cree no se equivoca, aunque no encuentre palabras para explicar su fe. El Espíritu lo guía en la verdad y lo conduce a la salvación. Como parte de su misterio de amor hacia la humanidad, Dios dota a la totalidad de los fieles de un instinto de la fe —el *sensus fidei*— que los ayuda a discernir lo que viene realmente de Dios. La presencia del Espíritu otorga a los cristianos una cierta connaturalidad con las realidades divinas y una sabiduría que los permite captarlas intuitivamente, aunque no tengan el instrumental adecuado para expresarlas con precisión.

120. En virtud del bautismo recibido, cada miembro del pueblo de Dios se ha convertido en discípulo misionero (cf. Mt 28, 19). Cada uno de los bautizados, cualquiera que sea su función en la Iglesia y el grado de ilustración de su fe, es un agente evangelizador, y sería inadecuado pensar en un esquema de evangelización llevado adelante por actores calificados donde el resto del pueblo fiel sea solo receptivo de sus acciones. La nueva evangelización debe implicar un nuevo protagonismo de cada

uno de los bautizados. Esta convicción se convierte en un llamado dirigido a cada cristiano, para que nadie postergue su compromiso con la evangelización, pues si uno de verdad ha hecho una experiencia del amor de Dios que lo salva, no necesita mucho tiempo de preparación para salir a anunciarlo, no puede esperar que le den muchos cursos o largas instrucciones. Todo cristiano es misionero en la medida en que se ha encontrado con el amor de Dios en Cristo Jesús; ya no decimos que somos «discípulos» y «misioneros», sino que somos siempre «discípulos misioneros». Si no nos convencemos, miremos a los primeros discípulos, quienes inmediatamente después de conocer la mirada de Jesús salían a proclamarlo gozosos: «¡Hemos encontrado al Mesías!» (Jn 1, 41). La samaritana, apenas salió de su diálogo con Jesús, se convirtió en misionera y muchos samaritanos creyeron en Jesús «por la palabra de la mujer» (Jn 4, 39). También san Pablo, a partir de su encuentro con Jesucristo, «enseguida se puso a predicar que Jesús era el Hijo de Dios» (Hch 9, 20). ¿A qué esperamos nosotros?

121. Por supuesto que todos estamos llamados a crecer como evangelizadores. Procuramos al mismo tiempo una mejor formación, una profundización de nuestro amor y un testimonio más claro del Evangelio. En ese sentido, todos tenemos que dejar que los demás nos evangelicen constantemente; pero eso no significa que debamos postergar la misión evangelizadora, sino que encontremos el modo de comunicar a Jesús que corresponda a la situación en que nos hallemos. En cualquier caso, todos somos llamados a ofrecer a los demás el testimonio explícito del amor salvífico del Señor, que más allá de nuestras imperfecciones nos ofrece su cercanía, su palabra, su fuerza, y le da un sentido a nuestra

vida. Tu corazón sabe que no es lo mismo la vida sin Él; entonces eso que has descubierto, eso que te ayuda a vivir y que te da una esperanza, eso es lo que necesitas comunicar a los otros. Nuestra imperfección no debe ser una excusa; al contrario, la misión es un estímulo constante para no quedarse en la mediocridad y para seguir creciendo. El testimonio de fe que todo cristiano está llamado a ofrecer implica decir como san Pablo: «No es que lo tenga ya conseguido o que ya sea perfecto, sino que continúo mi carrera […] y me lanzo a lo que está por delante» (Flp 3, 12-13).

5

Adhesión

Por mi fe y mi amor me adhiero a Jesucristo, verdadero Dios y verdadero Hombre, a Él que es el Camino, la Verdad y la Vida. Amén.

Somos conscientes de que estamos en un mundo donde nos necesitamos unos a otros. Debemos rezar los unos por los otros, como verdaderos hermanos y hermanas, ayudándonos unos a otros. En la Comunión con Dios Padre, Hijo y Espíritu Santo, es decir, formando una comunidad de oración. Comunidad, definitivamente. Compartiendo lo mejor que tengamos entre todos y que menos, y que más importante, y a la vez fácil y gratuito como don de Dios, que es la oración.

Oremos unos por otros. Sintámonos comunidad, comunidad de oración y, a la vez, así comunión con Dios y, por lo tanto, con Jesucristo, nuestro hermano mayor, nuestro Hombre-Dios. Que, como sabemos, con su nacimiento, vida, pasión, muerte y resurrección nos ha elevado a hermanos suyos y por lo que podemos llamarnos hijos e hijas de Dios gracias a Él. Qué grandeza la nuestra y, a la vez, qué responsabilidad tan grande. Y, por lo tanto: qué alegría tan grande e inmensa la nuestra, la de ser y sentirnos cristianos.

Y que sin Él no seríamos nada. Él es la Vida. Él es la vid; nosotros, los sarmientos. Debemos dar fruto de buenas obras de caridad, de amor;amor en la oración nos ponemos en contacto con Dios y, solo así, confiando plenamente en Él, nos da su gracia, su amor, su bendición, su cariño para nuestros anhelos y deseos más sublimes y, a la vez, ¿por qué no?, cotidianos: nuestro trabajo, nuestra vida familiar, nuestra salud, nuestra vida. Él sabe absolutamente todo lo que necesitamos antes aún de que se lo pidamos, pero necesita que lo deseemos con vehemencia, que se lo pidamos. Con entrega a Él primero y a los demás, empezando por los más necesitados, de la misma forma. Con amor.

Todo esto no es nuevo. En el fondo es lo que el cristianismo ha dicho desde siempre, y es que el camino es el mismo: Cristo para todos. Eterno y cósmico, que trasciende el tiempo y el espacio, ya que se vuelve contemporáneo a cada uno de nosotros y le confiere una eficacia universal de salvación, y que estará con nosotros cada día hasta el fin del mundo. Y que nos ama con un amor particular a todos y cada uno de nosotros y nosotras, específica y particularmente. El que nos ha creado nos conoce a la perfección totalmente. Y, por lo tanto, nos quiere para nosotros lo mejor, porque nos quiere profundamente, sin límites de ninguna clase. Confiemos, por lo tanto, totalmente en Él. Y Él que no «falla» nunca no nos decepcionará en absoluto; nos manifestará su amor por nosotros de la manera que Él sabe, mucho mejor que nosotros mismos. Esperemos y confiemos plenamente en Él.

Él no nos defraudará nunca. «Sintonicemos» con Él, pongámonos amorosa y fervientemente en sus manos amorosas. Recemos, oremos. Pidamos por lo que nosotros más queramos; si es la voluntad de Él, nos lo concederá seguro. No desistamos. Invoquemos a su Santo Espíritu. Por lo tanto: pasar a la acción y no perder la oportunidad. Cada día y a cada momento, rezar y alabar a Dios con la espiritualidad de laicos consagrados por el Bautismo. Nuestra Madre del Cielo, la Virgen María, que ha hecho ella primero todo el camino, nos conducirá seguro con prontitud a su Hijo Bien Amado, Jesucristo. Amén.

6

Objetivos

Hemos visto la necesidad de salir, como dice el papa Francisco: una Iglesia en salida; en su Exhortación Apostólica, ya citada, *La alegría del Evangelio*, y hemos visto que este es el camino verdadero que tenemos que seguir. Por eso nos hemos propuesto unos nuevos «Objetivos fundamentales» que se resumen en los puntos de: oración, solidaridad, ecumenismo y diálogo, y que se introducen como sigue:

Objetivos fundamentales de *Laicos Consagrados por el Bautismo*:

Lo primero es la **oración**. Sin ella, no existiríamos. Es la respiración con Dios.

La oración lleva a la **solidaridad**.

La solidaridad también lleva al **ecumenismo**.

Y no puede haber ecumenismo sin **diálogo**.

Por tanto, a partir de ahora, individual y colectivamente, trataremos de llevar a cabo estos objetivos fundamentales, con las iniciativas que vamos sugiriendo.

Sobre la oración, cuidar mucho en L. C. B. la vida interior: oración mental, oración vocal, meditación, sacramentos, Rosario, Coronilla a la Divina Misericordia, jaculatorias.

Y no olvidar nunca a los pobres. Rezar mucho por todos los pobres y desvalidos.

Y también por el papa, por la paz del mundo, la conversión de los pecadores y la salud de todos los enfermos, y por la Iglesia.

Y muy importante también, rezar en Comunidad, en la parroquia, en nuestra Comunidad L. C. B., o donde sea, en común.

¡Siempre por medio de la Virgen María a Jesucristo y por Él al Padre Eterno con el Espíritu Santo!

Y cuidar del Ángel de la Guarda y los santos: san José y nuestros Santos.

Y la vida familiar: matrimonio, hijos, padres, abuelos, nietos, etc., con mucho amor.

Rezar el rosario en familia y otras oraciones en familia.

Enseñar la doctrina católica, el catecismo y las oraciones principales a los hijos, ya desde bien pequeños. Sabiendo que Dios no nos deja nunca, nunca, nunca, confiar en Él siempre plenamente; todas las oraciones y pensamientos, hasta el fondo de nuestro corazón, el Señor Dios las escucha todas siempre. Es nuestro Padre, que por amor nos ha dado a su hijo, Jesucristo, muerto por nosotros y resucitado, gracias a la Virgen María Virgen.

Amén.

Para llevar a la práctica la solidaridad, en el amor de Jesús, nuestro Dios, a toda persona y circunstancia, cumpliendo el mandamiento nuevo de Jesús: «Amaos los unos a los otros como yo os he amado».

CARTA DE SAN PABLO A LOS ROMANOS,

CAPÍTULO 8

31. ¿Qué diremos después de todo esto? Si Dios está con nosotros, ¿quién estará contra nosotros?

32. El que no escatimó a su propio hijo, sino que lo entregó por todos nosotros, ¿no nos concederá con él toda clase de favores?

33. ¿Quién podrá acusar a los elegidos de Dios? Dios es el que justifica.

34. ¿Quién se atreverá a condenarlos? ¿Será acaso Jesucristo, el que murió, más aún, el que resucitó, y está a la derecha de Dios e intercede por nosotros?

35. ¿Quién podrá entonces separarnos del amor de Cristo? ¿Las tribulaciones, las angustias, la persecución, el hambre, la desnudez, los peligros, la espada?

36. Como dice la Escritura: «Por tu causa somos entregados continuamente a la muerte; se nos considera como a ovejas destinadas al matadero».

37. Pero en todo esto obtenemos una amplia victoria, gracias a aquel que nos amó.

38. Porque tengo la certeza de que ni la muerte ni la vida, ni los ángeles ni los principados, ni lo presente ni lo futuro, ni los poderes espirituales.

39. Ni lo alto ni lo profundo, ni ninguna otra criatura podrá separarnos jamás del amor de Dios, manifestado en Cristo Jesús, nuestro Señor.

1.ª CARTA DE SAN PABLO A LOS CORINTIOS, CAPÍTULO 13

1. Aunque yo hablara todas las lenguas de los hombres y de los ángeles, si no tengo amor, soy como una campana que resuena o un platillo que retiñe.

2. Aunque tuviera el don de la profecía y conociera todos los misterios y toda la ciencia, aunque tuviera toda la fe, una fe capaz de trasladar montañas, si no tengo amor, no soy nada.

3. Aunque repartiera todos mis bienes para alimentar a los pobres y entregara mi cuerpo a las llamas, si no tengo amor, no me sirve para nada.

4. El amor es paciente, es servicial; el amor no es envidioso, no hace alarde, no se envanece.

5. No procede con bajeza, no busca su propio interés, no se irrita, no tiene en cuenta el mal recibido.

6. No se alegra de la injusticia, sino que se regocija con la verdad.

7. El amor todo lo disculpa, todo lo cree, todo lo espera, todo lo soporta.

8. El amor no pasará jamás. Las profecías acabarán, el don de lenguas terminará, la ciencia desaparecerá.

9. Porque nuestra ciencia es imperfecta y nuestras profecías, limitadas.

10. Cuando llegue lo que es perfecto, cesará lo que es imperfecto.

11. Mientras yo era niño, hablaba como un niño, sentía como un niño, razonaba como un niño.

12. Pero cuando me hice hombre, dejé a un lado las cosas de niño. Ahora vemos, como en un espejo, confusamente; después, veremos cara a cara. Ahora conozco todo imperfectamente; después, conoceré como Dios me conoce a mí.

13. En una palabra, ahora existen tres cosas: la fe, la esperanza y el amor, pero la más grande de todas es el amor.

Comentario previo. Evangelio de Marcos 9: 30-37

Después de haber anunciado otra vez que la pasión ya estaba cerca, Jesús constata muy bien la incomprensión de los suyos, ya que se entretienen aún a preguntar quién sería el primero del reino, de un reino que aún no sabían ver con otro aspecto que el temporal y el político. «En mi Reino», afirma Jesús, «para convertirse en el primero es necesario haber sido el último y el servidor de todos». Perspectiva que no tiene nada de estimulante para los futuros mensajeros del Evangelio. Cogiendo un chico y poniéndolo en medio de ellos, Cristo invita a la Iglesia a acoger con solicitud a quienes son, como él, los enviados del Padre y se presentan con humildad y con pobreza.

Lectura del Evangelio según san Marcos

En aquel tiempo, Jesús y los discípulos pasaban por Galilea, pero Jesús no quería que lo supiera nadie. Instruía a sus discípulos diciéndoles: «El hijo del hombre será entregado en manos de los hombres, lo matarán y después de muerto, resucitará a los tres días». Ellos no entendían qué quería decir, pero no osaban hacerle preguntas. Llegaron a Cafarnaúm. Una vez en casa, les preguntó: «¿Qué estabais discutiendo por el camino?». Ellos no contestaron porque en el camino habían discutido quién sería el más importante. Entonces llamó a los doce y les dijo: «Si alguno quiere ser el primero, debe ser el último y el servidor de todos». Luego hace ir a un chico; lo puso en medio, lo tomó en brazos y les dijo: «El que reciba a uno de estos chicos porque lleva mi nombre, me recibe a mí, y el que me recibe a mí, no me acoge a mí, sino al que me ha enviado».

El Cristo molestaba mucho y aún molesta. Porque ha venido a dar la vuelta a las ideas y la conducta de un mundo que solo persigue el dominio y el placer. Que haya que pasar por el sufrimiento y aceptarlo con paciencia por todo lo que conlleva de profundización y de purificación no puede hacer nada más que desconcertar este siglo de comodidades y de confort. Y que sea indispensable acoger humildemente el misterio de una cruz para cada uno subleva esta sociedad embriagada por los éxitos. ¿Habrá, pues, que la Iglesia renuncie a predicar la cruz y que suavice las exigencias de acogida dentro del reino? No, ciertamente, pero para que pueda predicar la abnegación en el mundo, hay antes que ella misma vuelva a practicar una vida humilde y mortificada.

De las enciclopedias

Ecumenismo: se refiere a las iniciativas que apuntan hacia una mayor unidad o cooperación religiosa.

En su sentido más amplio, esta unidad o cooperación puede referirse a la unidad religiosa mundial; por la defensa de un sentido mayor de espiritualidad compartida entre las tres religiones abrahámicas: judaísmo, cristianismo y el islam. Más generalmente, sin embargo, el ecumenismo es usado en un sentido más estricto, refiriéndose a una mayor cooperación entre distintas denominaciones religiosas de una única de estas tres.

La palabra se origina del griego *οἰκουμένη* (oikoumene), que significa «el mundo habitado», e históricamente era usada como una referencia específica al imperio romano. Hoy, la palabra es usada predominantemente por y con referencias a denominaciones e iglesias cristianas separadas por la doctrina, historia y práctica.

Dentro de este contexto particular, el término ecumenismo se refiere a la idea de una unidad cristiana en el sentido literal: que debería existir una única Iglesia cristiana.

Ecumenismo cristiano y pluralismo interreligioso

El ecumenismo cristiano, en el sentido estricto arriba referido, es la promoción de la unidad o cooperación entre grupos religiosos distinguidos o denominaciones de la cristianidad. El ecumenismo cristiano se distingue del pluralismo interreligioso. El ecumenismo, en este sentido amplio, es denominado pluralismo religioso, por distinguirse del ecumenismo dentro de un movimiento de fe. El movimiento interreligioso lucha por mayor respeto mutuo, tolerancia y cooperación entre las religiones del mundo. El ecumenismo como diálogo interreligioso entre representantes de varias veces no pretende necesariamente reconciliar sus partidarios en una unidad completa, orgánica, con alguna otra entidad, pero simplemente promover relaciones de convivencia mejores. Promueve la tolerancia, respeto mutuo y cooperación, sea entre denominaciones cristianas, sea entre la cristianidad y otras.

Para algunos católicos, esto puede todavía asumir el objetivo de la reconciliación de todos los que profesan la fe cristiana en una única organización visible, es decir, a través de la unión con la Iglesia Católica romana.

Para algunos protestantes, la unidad espiritual, y a menudo la unidad sobre las enseñanzas de la iglesia sobre cuestiones clave, es bastante. De acuerdo con el teólogo luterano Edmund Schlink, lo más importante en el ecumenismo cristiano es que las personas se concentren fundamentalmente en Cristo, no en organizaciones de iglesias separadas. En su libro *Ökumenische Dogmatik* (1983), él dice que los cristianos que ven a Cristo resucitado operando en las vidas de varios cristianos en diversas iglesias, perciben que la unidad de la iglesia de Cristo nunca fue perdida, pero que en su lugar han sido distorsionados y oscurecidos por diferentes experiencias históricas y por miopía espiritual. Ambas son superadas por la fe renovada en Cristo. Incluso en eso está la respuesta a su amonestación (Juan 17 y también Filipenses 2), para que todos sean uno con él y que se amen unos a otros como un testimonio para el mundo. El resultado del mutuo reconocimiento será una hermandad mundial perceptible, organizada en un modo históricamente nuevo.

Estando en contra el moderno movimiento ecuménico, está la tradicional Iglesia Ortodoxa, la cual decididamente afirma que solo hay una sola Iglesia, la cual es la Iglesia Ortodoxa. Así, teorías tales como la «iglesia hermana» o «dos pulmones» son generalmente rechazadas porque, desde este punto de vista, la Iglesia es teológicamente indivisible. Sin embargo, un importante teólogo ortodoxo del siglo XIX, Vladimir S. Soloviov, defendió el ecumenismo y el año de su muerte, 1900, publicó un libro denominado *Tres conversaciones sobre la guerra, el progreso y el fin de la historia mundial,* con una corta narración sobre el Anticristo donde vislumbra una futura unión de todas las iglesias cristianas.

Ecumenismo. Una propuesta

Sugerimos reunir a 3, 4 o 5 representantes de todas y cada una de las religiones de todo el mundo. Y reunidos en una asamblea de creyentes universal, tratar de encontrar todos y cada uno de los términos de las enseñanzas de todas y cada una de las religiones —todas— en el criterio de buscar la «verdadera religión» y aceptar los resultados todos, por unanimidad y consenso. Una asamblea de todas las religiones. En un número que fuera operativo en el criterio de llegar a este consenso y seguirlo hasta el final: para crecer y aprender todos de todos. En el pensamiento de que cada una y de todas las religiones, todos —si todos— podemos aprender algo de los demás. Seguro que existe alguna o mucha parte de verdad en todas las religiones y concluir en un manifiesto o programa de una única religión verdadera, fruto del ecumenismo. Por todo el mundo y para todo el mundo. No un *mix* mezclado, sino solo las verdaderas verdades demostradas y demostrables. Vivir y convivir en la tolerancia y el respeto mutuo y la cooperación de todo y todas. Con todos los textos considerados sagrados de todas las religiones.

Diálogo interreligioso

El ser humano comparte un acceso diferente a la realidad de lo propio de otros vivientes determinados genéticamente de una manera absoluta. La indeterminación parcial del ser humano hace que haya que terminar de determinarlo él mismo. Para ello dispone del lenguaje. Este le permite tomar distancia y no limitarse a una realidad que responde a la necesidad. El humano puede acceder a la realidad de forma no condicionada, gratuita, absoluta y directa. Este acceso, hecho posible gracias a la constitución lingüística del ser humano, es el expresado a través de las cosmovisiones, religiones, ideologías, etcétera. Hoy se habla mucho de que el ser humano tiene una dimensión claramente espiritual, aunque este término (espiritual) tenga muchos significados, entre ellos el de una dimensión material del ser humano. Algunos pensadores ateos, como Sam Harris o André Comte-Sponville, hablan de espiritualidad atea (espiritualidad material o materia espiritual).

La frontera entre religión y espiritualidad es confusa. Para empezar, no hay consenso en la academia sobre la definición de religión, mucho menos sobre la de espiritualidad. Sin embargo, parece evidente que el ser humano ha querido cultivar, a lo largo de la historia, su calidad humana y lo ha hecho de múltiples maneras (religiones, espiritualidades, ideologías, artes, etcétera). Esta inmensa riqueza y diversidad era vista con desconfianza en el pasado, especialmente en sistemas de vida jerárquicos y autoritarios que basaban su cohesión y seguridad en su uniformidad y sumisión. El mundo ha cambiado y ahora estamos en un océano de libertad, diversidad y riqueza humana que está lleno de posibilidades y que es un patrimonio común de la humanidad (UNESCO).

Los orígenes históricos del diálogo interreligioso se remontan a los orígenes de la historia humana, de esa trayectoria dramática y apasionante de interrelación y de interdependencia para conseguir la supervivencia personal y colectiva. Los contactos se han vivido de formas diversas. De hecho, la relación se ha expresado, como decía Raimon Panikkar, en etapas que responden a situaciones determinadas: una cierta predominancia del aislamiento e ignorancia en la que cada cultura se nutre con lo que tiene y la alteridad no plantea problemas; la indiferencia y desprecio (lo propio es mejor y más adecuado que lo ajeno, que genera miedo, sospecha y autodefensa); la condena y conquista (el otro es visto como una amenaza a la supervivencia); la coexistencia y comunicación (la etapa de la tolerancia mutua y la comunicación pacífica y sincera en la que la alteridad comienza a interesarse y se percibe como una riqueza); la convergencia y el diálogo, que comporta la fecundación mutua, la complementariedad (desaparecen las incompatibilidades), el otro se convierte en parte de nosotros mismos.

El diálogo interreligioso moderno comenzó históricamente en el I Parlamento de las Religiones del Mundo celebrado en Chicago en 1893. En este encuentro interreligioso, organizado bajo el paraguas de una exposición internacional interesada en el comercio internacional, se generó la semilla de un movimiento que llega hasta la fecha. Todos recordamos la cuarta edición del Parlamento de las Religiones del Mundo celebrada en Barcelona dentro del Fórum de las Culturas Barcelona 2004. Fue, sin lugar a duda, el acto más popular y diverso del Fórum. Debemos reconocer que, en general, el movimiento interreligioso ha sido dinamizado en sus orígenes modernos, especialmente por la mayoría cristiana o, por ser más precisos, por los cristianos progresistas de las diversas iglesias cristianas. Las otras tradiciones se han ido añadiendo. Cada una debe justificar y fundamentar esta actitud positiva y abierta hacia la diversidad desde sus propios recursos espirituales y de sabiduría, desde las propias narrativas sobre la diversidad religiosa. En los inicios, la reticencia y resistencia de los sectores más duros e intolerantes de las diversas tradiciones era fuerte y supuso bastantes quebraderos de cabeza, pero hay que decir que los avances científico-técnicos, las comunicaciones, la globalización económica y la paz han ayudado, de forma definitiva, a que los mensajes fundamentales de las diversas tradiciones reciban una lectura o interpretación humanista que permite ser optimistas sobre el futuro del diálogo interreligioso, que no parece ya un invitado puntual, sino un residente consolidado y estable en el hogar de la familia humana.

El movimiento del diálogo interreligioso se expresa en distintos ámbitos, modos, formas y contextos. Sería muy extenso describir su gran variedad. Solo apuntar que se da a nivel local, nacional, estatal, regional y mundial. Cabe subrayar que puede ser multirreligioso, bilateral, abrahámico, etcétera. Además, en estos últimos años, influenciado por la UNESCO y por el Consejo de Europa, también puede ser —y, de hecho, se recomienda que sea, en la medida de lo posible— un diálogo interconviccional; es decir, un diálogo entre religiones que incluya también las convicciones no religiosas (agnosticismo, ateísmo, escepticismo, etcétera). La razón es que no se quiere —ni es recomendable— que el diálogo interreligioso se convierta en un *lobby* de los religiosos en contra de los no religiosos. Sería una perversión del espíritu del diálogo interreligioso, que desgraciadamente se ha producido en algunos casos y que es necesario velar que no se reproduzca. Ningún cambio de paradigma puede escapar a las malformaciones ocasionales.

Los beneficios del diálogo entre religiones y convicciones son muchos y están todavía en una fase muy inicial. El primero de estos beneficios es el aumento del conocimiento mutuo. Es cierto que, de por sí, el conocimiento del otro no es necesariamente ninguna garantía. En algunos casos no solo no sirve para acercar, sino que puede incluso alejar y hacerlo de forma definitiva. Sin embargo, la verdad es que en una sociedad donde la comunicación y el conocimiento se han liberalizado es inviable ningún escenario que quiera perpetuar el aislamiento como si se tratara de poblaciones indígenas incomunicadas. El conocimiento que facilita el diálogo interreligioso es un conocimiento positivo, cálido, cercano, empático. Es un conocimiento que desemboca en respeto, cariño y, después de cierto tiempo, muy probablemente, en colaboración. Pero deben ponerse las herramientas necesarias para que esto sea así. No es algo descendido del cielo. Es una tarea sinérgica en la que intervienen muchos actores: comunidades, administraciones, sociedad civil, etcétera.

Otro beneficio o resultado importante del diálogo interreligioso e interconviccional es el nuevo escenario de colaboración que dibuja. Las comunidades religiosas, por diferentes razones ya muy trilladas, habían quedado algo arrinconadas de la realidad social de nuestro país. El diálogo visibiliza un escenario de cooperación y diálogo que hace mucho más fácil y viable poder sumar e integrar las energías de las diversas tradiciones religiosas de un territorio en proyectos sociales ya iniciados o para codiseñar y desarrollar. Las tradiciones religiosas tienen recursos humanos, económicos, éticos y espirituales para motivar y comprometer a sus miembros en iniciativas y causas comunes relativas a una mayor solidaridad y justicia social, a una mejor convivencia y cohesión social. Quienes trabajamos en diálogo interreligioso encontramos sorprendente que durante tanto tiempo se haya podido/querido mantener al margen todas estas energías. Somos conscientes de las explicaciones históricas y sociológicas, pero, sin embargo, quedamos estupefactos por el derroche de esfuerzos y por el desperdicio de recursos. El diálogo interreligioso y la cogestión positiva de la diversidad religiosa abren nuevos horizontes que dibujarán un nuevo panorama de diálogo y construcción social colectiva.

El diálogo interreligioso e interconviccional favorece la educación en la diversidad y el diálogo. Ahora que tanto se vuelve a hablar de la cultura religiosa generalizada en la escuela catalana, cabe decir que esta cultura no puede limitarse a presentar la diversidad, sino que debe presentar y ofrecer herramientas para cultivar la cultura del diálogo, la tolerancia y el respeto entre creencias y convicciones. Cataluña ya goza de bastantes recursos educativos en este ámbito. La Asociación UNESCO para el Diálogo Interreligioso es líder en el sur de Europa en la elaboración y aplicación de estos recursos y en la educación interreligiosa e interconviccional (*Diccionario de las religiones*, *Diccionario de las religiones para chicos y chicas de 10 a 14 años*, *Ven a la Fiesta*, *Calendario interreligioso*, revista *Dialogal*, pósteres de lugares de culto —conjuntamente con la Escuela Pía—, etcétera). Sin embargo, es necesario que las escuelas aprendan a dialogar desde la misma escuela. Los grupos de diálogo interreligioso locales son, en este sentido, una ayuda para que las escuelas de los barrios y las ciudades puedan conocer el diálogo interreligioso de proximidad y, al mismo tiempo, para que puedan inspirarse para realizar pequeñas experiencias de diálogo dentro del centro entre alumnos de diversas tradiciones religiosas y conviccionales.

El diálogo interreligioso e interconviccional ha permitido que las narrativas internas de las diversas tradiciones religiosas y conviccionales hayan potenciado y desarrollado sus propios discursos abiertos a la tolerancia, favoreciendo las interpretaciones que hacen posible la tolerancia y la aceptación del otro y desautorizando los discursos y las actitudes de rechazo de la alteridad. Se trata de un proceso intracomunitario vivo y activo, dinámico y que se ve obligado a superar pretendidas justificaciones de autenticidad y legitimidad de tendencias identitarias de restauración o de exclusividad. Es necesario que las diversas tradiciones religiosas y las convicciones no religiosas, sin ingerirse en los asuntos internos de cada tradición, puedan apoyar los discursos humanistas que favorecen la tolerancia y el diálogo dentro de cada tradición religiosa y conviccional. Como decía Raimon Panikkar, las religiones (y convicciones, podemos añadir) son demasiado importantes para dejarlas solo en manos de los religiosos.

La UNESCO considera a la religión como una expresión de la cultura y la diversidad religiosa y el diálogo interreligioso como parte de la diversidad cultural y del diálogo intercultural, respectivamente. En efecto, las Naciones Unidas consideran a las religiones como parte irrenunciable del patrimonio cultural común de la humanidad. Una humanidad que quiere sobrevivir y vivir cada vez con mayor dignidad y plenitud, a pesar de las dificultades, no puede permitirse el lujo de prescindir de sus sabidurías tradicionales.

El diálogo interreligioso goza de buena salud a nivel internacional. Hay un gran número de organizaciones interreligiosas bastante dinámicas. Aparte del Consejo del Parlamento de las Religiones del Mundo, que ya he mencionado indirectamente cuando hemos hablado del Parlamento de las Religiones del Mundo, destacamos la Iniciativa de las Religiones Unidas, con más de 850 organizaciones interreligiosas en todo el mundo, y Religiones por la Paz. En Cataluña se encuentra el Grupo de Trabajo Estable de las Religiones, formado sobre todo por representantes oficiales de las tradiciones religiosas, la Asociación UNESCO para el Diálogo Interreligioso e Interconviccional (AUDIR), una de las organizaciones más dinámicas en su ámbito del sur de Europa, la Red Catalana de Entidades de Diálogo Interreligioso, coordinada por AUDIR y que agrupa a más de veinte entidades de todo el territorio de cultura catalana, cinco grupos de diálogo interreligioso de barrios de la ciudad de Barcelona que se han creado como resultado de un programa municipal para promover el diálogo entre creencias y convicciones en la ciudad, y otros grupos de diálogo interreligioso locales de diversas poblaciones catalanas que no figuran en la citada red (Berga, Olot, Vilanova y la Geltrú, etcétera). Cataluña es, sin lugar a duda, la zona del Estado español y del sur de Europa más dinámica y creativa en diálogo interreligioso.

Queda, sin embargo, mucho trabajo por hacer. Los recursos son escasos y la mayor parte del trabajo se hace, pese a la clarividencia y compromiso de algunos políticos y técnicos de las diversas administraciones, desde una precariedad estructural que cuesta superar a pesar de las buenas intenciones de todos. Lo cierto es que el diálogo interreligioso e interconviccional goza de una buena imagen, pero poco más. No figura entre las principales prioridades, que son, en la situación de crisis estructural en la que vivimos, fundamentalmente las necesidades básicas (techo, salud, educación, etcétera). Son necesarios más recursos para conseguir que el diálogo interreligioso no sea solo una pequeña masa crítica, sino que pueda penetrar, arraigar y crecer en el interior de las distintas tradiciones y convicciones. Sin embargo, el diálogo interreligioso tiene un potencial inmenso por descubrir y puede convertirse en un aliado decisivo e imprescindible para resolver socialmente estas necesidades, tanto si los estados liberales, como parece, no acaban de salir adelante, como si las alternativas políticas y económicas en el sistema prosperan.

Hay que tener en cuenta que el diálogo interreligioso e interconviccional es tarea de todos. No puede reducirse a las autoridades religiosas ni a los fieles de las comunidades. Cualquier ser humano que tenga creencias o convicciones está llamado a participar y es bienvenido en la mesa del diálogo. El diálogo nunca excluye y si, llegado el caso, lo hace, es de forma transitoria preparando pedagógicamente formas de inclusión. Por este motivo, la labor del diálogo entre creencias y convicciones es una tarea sinérgica y corresponsable, en la que todo el mundo tiene un papel importante. Cuanto más maduro y lleno es el diálogo, más inclusivo se vuelve.

Dialogar es inevitable e ineludible en una sociedad plural y diversa como la nuestra y como muchas sociedades del planeta. Se realizará con la palabra, con la acción, con la creación artística, pero también con el silencio. A menudo se dice que de las tradiciones religiosas quienes más pronto y más profundamente se entienden son los espirituales y los místicos. El diálogo interreligioso catalán llora, este año, la muerte de dos personas que fueron un ejemplo de diálogo silencioso y al mismo tiempo inmensamente activo. Se trata del pastor mennonita José Luis Suárez y del swami hindú Bhakti Das. Quiero confesar que me siento personalmente agradecido por su testimonio espiritual personal, pero también que somos muchos los que rendimos homenaje a su compromiso desinteresado en favor de la cultura del diálogo. Ambos supieron acoger la diversidad y la alteridad sin límites y contribuir a edificar un discurso de reconciliación, perdón y amor dentro de sus respectivas tradiciones, discurso que quisieron compartir con otras tradiciones a través de su participación frecuente en grupos de diálogo y en iniciativas interreligiosas. Su ejemplo es una hermosa y luminosa farola en la ruta del diálogo interreligioso catalán.

Francesc Torradeflot
Director de la Asociación UNESCO para el Diálogo Interreligioso e Interconviccional

La unión de todas las religiones no es un avance

Otro punto que llama la atención es el llamado ecuménico de la COP 27. Según el pastor **Hernandes Dias Lopes**, la unión de todas las religiones no es un avance, sino una amenaza para la Iglesia de Cristo.

«Debemos afirmar que no hay unidad espiritual fuera de la verdad, así como la luz y la oscuridad no pueden coexistir. No podemos ser uno con los que niegan la salvación por la gracia de Cristo Jesús. No es un acto de amor dejar que aquellos que caminan por el camino ancho de la condenación vayan "en paz" por ese camino de muerte. Este falso amor huele a muerte», destaca el pastor.

«Esa actitud de tomarse de la mano con todas las religiones, en una especie de convivencia armónica, creyendo que toda religión es buena y lleva a Dios es una falacia. Toda religión es vana si no predica a Cristo, y este crucificado. ¡Toda religión separa al hombre de Dios a menos que proclame a Jesucristo como el único camino a Dios! Dejemos este discurso falaz de amor para todos, y amemos de verdad a las personas, de todas las religiones, predicándoles, con sentido de urgencia, el evangelio que exige arrepentimiento y fe y ofrece la vida eterna», observa Lopes.

7

Grupos de oración y apostolado

En su localidad puede formar parte de un grupo de oración y apostolado, rezando en el grupo y por los demás en su lugar de origen; un grupo de Laicos Consagrados por el Bautismo, Laicos Bautismo.

Se puede rezar el Rosario a la Virgen; la Coronilla a la Divina Misericordia, y participar en la Eucaristía. También leer en grupo una parte de los Evangelios y del Nuevo Testamento. Y seguir las oraciones de un devocionario católico.

También se puede orar cantando alguna canción religiosa en grupo, algún himno o salmo.

Animadores y animados

Los grupos laicos consagrados por el Bautismo habrán de ser animadores y animados de la iglesia, de la parroquia, libres para actividades al interior y al exterior de la parroquia.

Animadores de cantos; lectores; sobre todo, comunicadores de la esperanza y de la fe en la caridad, siempre todo con amorAmor, el amorAmor del Señor a Dios Jesucristo, a la Iglesia y, sobre todo, a los demás, a la iglesia y a la Virgen María, Madre de Dios.

Colaboradores animadores: vivir la fe desde la plegaria personal y comunitaria. Un grupo de canto, de plegaria de fe, de alegría comunicativa. En todo lo que haga falta, desde la rectitud moral y ética cristiana.

Contemplativos en la acción. Al exterior de la Parroquia, en la calle: buscar y compartir la fe en parejas de dos personas, invitar a las personas a celebrar la fe en los sacramentos, los cantos, las plegarias.

En definitiva, evangelizar, vivir el Evangelio de Jesús, con Él, por Él, en Él.

A continuación, se incluye un cuadro esquema, modelo aproximado, para poder escoger la manera de poder encontrarse en una Parroquia, Iglesia, etc., y poder formar un grupo de oración y hacer, por ejemplo, un apostolado concreto.

Para más información, diríjase a nosotros a través del siguiente formulario:

Nombre y apellidos
Ciudad
País
Teléfono (con prefijo)
Email
Parroquia o lugar de oración, iglesia, capilla...
N.º de personas interesadas
Responsable del grupo
Otros datos de interés
Enviar

8

Ayuda a los sintecho

Evangelio de Lucas

Había un hombre rico que se vestía de púrpura y lino finísimo, y cada día hacía espléndidos banquetes. A su puerta, cubierto de llagas, yacía un pobre llamado Lázaro, que ansiaba saciarse con lo que caía de la mesa del rico; y hasta los perros iban a lamer sus llagas. El pobre murió y fue llevado por los ángeles al seno de Abraham. El rico también murió y fue sepultado. En la morada de los muertos, en medio de los tormentos, levantó los ojos y vio de lejos a Abraham, y a Lázaro junto a él. Entonces exclamó: «Padre Abraham, ten piedad de mí y envía a Lázaro para que moje la punta de su dedo en el agua y refresque mi lengua, porque estas llamas me atormentan». «Hijo mío, respondió Abraham, recuerda que has recibido tus bienes en vida y Lázaro, en cambio, recibió males; ahora él encuentra aquí su consuelo, y tú, el tormento. Además, entre ustedes y nosotros se abre un gran abismo. De manera que los que quieren pasar de aquí hasta allí no pueden hacerlo, y tampoco se puede pasar de allí hasta aquí». El rico contestó: «Te ruego entonces, padre, que envíes a Lázaro a la casa de mi padre, porque tengo cinco hermanos: que él los prevenga, no sea que ellos también caigan en este lugar de tormento». Abraham respondió: «Tienen a Moisés y a los Profetas;

que los escuchen». «No, padre Abraham», insistió el rico. «Pero si alguno de los muertos va a verlos, se arrepentirán». Pero Abraham respondió: «Si no escuchan a Moisés y a los Profetas, aunque resucite alguno de entre los muertos, tampoco se convencerán».

Tenemos en marcha un grupo de ayuda a las personas sin hogar, sin un techo donde cobijarse.

Si dispones de algún tiempo, ponte en contacto con nosotros y te acompañaremos en esta labor tan fuerte y a la vez muy delicada y urgente… (en contacto con otros grupos de ayuda de la localidad).

¡¡¡Ellos nos necesitan!!!

9

Espiritualidad

Fomentar en nosotros, además de otras virtudes, la humildad, el espíritu de servicio, la alegría, y con mucha paz, la paz del Señor; y con devoción y con ilusión.

La lectura diaria del Evangelio.

Meditación, plegaria, adoración al Santísimo, en Espíritu y en Verdad, un rato cada día.

Servicio deseable: en la Parroquia o en otro lugar: ofrecernos al Sr. Párroco.

Ir a Misa cada día.

Rezar el santo Rosario cada día.

Apostolado cercano deseable, que puede ser en la misma familia.

Rezar la oración a la Divina Misericordia.

Otras oraciones que queramos rezar.

Invocación al nombre de Jesús constante.

Abiertos siempre a la presencia del Señor.

Confesión frecuente.

Las tres Avemarías.

Aunque las oraciones recomendadas aquí nos parezcan muchas, veremos que si las hacemos cada día nos aumenta mucho el amor de Dios y a los hermanos/as y también nuestra vida interior espiritual en el señor Jesús, sabiendo que las oraciones son fuentes que alimentan nuestro espíritu.

Comportarnos siempre como hermanos y hermanas, invocando a nuestro Ángel Custodio y el de los demás, para encontrarnos con el Cristo que todos llevamos dentro.

Segunda etapa

Posteriormente, y cuanto antes mejor: hacer los votos propios de un cristiano: castidad, pobreza y obediencia.

Castidad siempre, incluso en el matrimonio. La sexualidad solo tiene sentido para la fecundación dentro del matrimonio.

Pobreza, no solo de espíritu, sino material también. El valor de compartir y de la economía de los bienes materiales.

Y obediencia a Dios en primer lugar y también a la jerarquía de la Iglesia.

Para conseguir el valor de la verdad, ya que «la Verdad os hará libres».

Y con la fortaleza del amor de Dios.

Todo ello perfectamente compatible con una vida de trabajo y familia.

Tercera etapa

Después de un tiempo en el que participamos de esta espiritualidad, debemos unirnos en comunidad y centrar todos nuestros esfuerzos en adaptarnos a esta, para desarrollar el apostolado que en ella se fomente, de una forma concreta y organizada. Para sentirnos y estar acompañados y unidos a nuestros hermanos y hermanas y, sobre todo, a nuestro señor Jesucristo. A tal efecto, nos irá muy bien leer todo el libro del santo padre Francisco *Evangelii Gaudium*[2]. La alegría del Evangelio, exhortación apostólica, en el que nuestro querido papa nos indica muchos recursos e ideas en la línea eclesial, apostólica y misionera que seguro enriquecerán nuestra persona. Para, en definitiva, vivir apasionadamente el Evangelio, para sentir en nuestro corazón el amor salvífico de nuestro señor Jesucristo, principio y fin de nuestros anhelos más queridos y deseados. Al que siempre tendremos a nuestro lado y al que debemos seguir siempre en todo momento y lugar y que no nos abandona nunca. Para vivir en plenitud su Santo Espíritu, ayudando siempre con todas nuestras fuerzas a los demás, especialmente a los pobres, que son el centro de la Iglesia. En los que debemos ver, precisamente, a nuestro queridísimo y amadísimo señor Jesús, por amor al Padre y con la ayuda del Espíritu Santo, y la siempre amorosa intercesión de nuestra Madre Santísima, la Virgen María, que no nos abandona nunca.

Por ello, haremos el cuarto voto, fundamental, el del servicio a los pobres, a todos los pobres, en justicia, caridad, amor; no un servicio desencarnado, no cualquier servicio, sino en la verdad, en la libertad y la responsabilidad, viendo en ellos, los pobres, que son el centro de la Iglesia, el rostro de Dios, en coherencia con nuestra fe y nuestra conducta, viviendo con gozo el Evangelio, que es nuestra norma de vida, de la que emana la voluntad de Dios en Jesucristo.

---

[2]   http://w2.vatican.va/content/francesco/es/apost_exhortations/documents/papa-francesco_esortazione-ap_20131124_evangelii-gaudium.html

Así es que esta comunidad puede servir de puente, de remanso y de descanso y mantenimiento en el viaje para una mejor vida en Jesús, el señor Dios hecho hombre, Jesucristo. Según el mismo señor Jesús nos vaya diciendo y nosotros haciendo. Espacio donde podemos contribuir eficazmente ya desde ahora mismo con nuestras oraciones.

Y veremos que podemos sostenernos —con las oraciones y sacramentos— como una base muy sólida para mantenernos en gracia de Dios.

Intercesión de María, Madre de la Iglesia. Con la discreción y la autorización de la Virgen María. Quisiéramos encomendar a la Virgen María, Madre de Dios, esta tarea de esta comunidad. Sin su autorización no habría sido posible nunca. Como no se puede entender en la Creación el hombre sin la mujer: «esta es hueso de mis huesos y carne de mi carne». Encomendamos, por lo tanto, como no podría ser de otra manera, a la Virgen María nuestras palabras, escritos y todo el contenido bajo su protección salvadora como Madre de la humanidad. Su maternidad virginal nos salva, nos ilumina y nos santifica. Esperamos ir editando contenidos de la Virgen María, nuestra Madre, para iluminar nuestros corazones, como ya pusimos como estandarte de nuestro comienzo una imagen de la Virgen del Rosario para que nos protegiese y nos presidiese, como nos preside y protege verdaderamente desde antes del comienzo. Encomendamos desde aquí ilusionadamente a todos los lectores, navegantes/, para que Ella también nos guíe a todos y a todas con fervorosa dedicación para un encuentro divino en nuestras almas a su hijo, nuestro señor Jesucristo, para adoptarnos a todos como verdaderos hijos de Dios y, por lo tanto, hermanos gracias a Él.

Cuarta etapa: acto de consagración

Para formar parte del Movimiento, hay que seguir su espiritualidad propia, de conversión, sacramentos, oraciones, etc. Después de un tiempo en activo, que el Señor y el futuro hermano debe considerar adecuado, en una Iglesia hacer el acto de consagración que sigue:

CONSAGRACIÓN: «Por este acto y en este momento me consagro a Dios, Padre, Hijo y Espíritu Santo en espíritu y en verdad, para servir a Dios y a los hermanos y hermanas y por ello hago los votos de pobreza, castidad y obediencia y servicio a los pobres, para hacer su voluntad en todos los momentos de mi vida, Él que vive y reina por los siglos de los siglos y seguir la espiritualidad del Movimiento Cristiano Laicos consagrados por el Bautismo (Laicosbautismo)».

Es preferible hacer este acto de consagración real y efectiva, antes o después de la celebración de la Eucaristía, y delante del Sagrario. Después de la misma se rezan un Credo, tres Padrenuestros, tres Avemarías y tres Glorias. Y nos encomendamos a la Santísima Virgen María, Madre de nuestro señor Jesucristo, que nos lleva siempre y sin error a su hijo, nuestro señor Jesucristo, el hijo de Dios vivo, que está sentado a la derecha de Dios Padre para que nos envíe su Espíritu Santo.

ACTO DE ADORACIÓN: «Señor: estáis aquí en cuerpo, sangre, alma y divinidad y con vuestro sacratísimo corazón dolorosísimo, y aquí os amo, os alabo, os adoro y os contemplo, y permanezco implorando, alabando, amando y adorando. Aquí, allí y en todas partes, y más cerca que yo mismo en el fondo de mi corazón y de mi alma; con vuestro cuerpo, vuestra sangre, vuestra alma y vuestra divinidad y con vuestro sacratísimo corazón dolorosísimo, os amo, os adoro, os alabo y os contemplo y permanezco implorando, alabando, amando y adorando».

10

Testimonios

Jesucristo. El gran descubrimiento, el amor purísimo y amigo total e insustituible, ahora, antes y para la eternidad es Jesucristo, que no nos abandona nunca y que nos ha creado; y por esto, además, somos hijos suyos y hermanos de todos los hombres y las mujeres del mundo y del cielo.

Nuestro amigo del alma insustituible, el amor purísimo y excelso que no nos deja ni nos dejará nunca, el amor eterno del Padre, Hijo y Espíritu Santo por los siglos de los siglos.

- Hace la voluntad de Dios el que cree en Aquél que Él ha enviado
- El que dice que lo ha encontrado es aquel que se comporta tal como Él se comportó. 1/1/23, 20:01 Testimonios. Laicos Bautismo.

Una Revolución mundial desde el amor a Dios Jesucristo, y todos los demás, una Revolución del amor.

Una Revolución total en el amor de Dios y el Espíritu Santo y la Virgen María y todos los santos

Para revolucionar todo el mundo desde el amor a los pobres, a todos los pobres, desde el amor a todos ellos en Dios Jesús.

Los tiempos, las personas, las ocasiones son todos de Dios, pero nosotros tras suyo enseguida, ¡¡¡inmediatamente!!! ¡¡¡Con un ejército de pecadores convertidos por el amor a Dios en todos los demás!!!

Para revolucionar todo el mundo en el Amor a Dios en todos los demás, todos los pobres.

Convertirnos cada día, en todo momento, con Jesús en el frente y todos tras Él con la Iglesia católica y todas las iglesias cristianas.

Y luego, todas las religiones en el amor y la amistad de todos, en todos, en la caridad a todos, todos los pobres.

Todos somos pobres, estamos locos de amor por Dios y todos los demás, todos, todos, todos locos de amor para la eternidad y convertir el mundo en el amor en cristiano todo.

Todo en Jesucristo, el Hombre Dios, en su Espíritu Santo. Ninguna maldad, solo amor y caridad y pobreza de espíritu y material, pobreza auténtica en el amor de Dios por todo el mundo universal de Dios.

Ninguna violencia, ninguna guerra, solo amor, amor de Dios en todo otro, la Revolución de los pobres convertidos en el amor a Dios y todos los demás.

Todos los pobres, todos los pecadores limitados, pero en Dios, ilimitados en su amor a todos.

Todos nos podemos convertir por el amor de Dios en todos y todas. Amén.

Si no revolucionamos en el amor todo el mundo, no nos podremos salir de tanto consumismo, corrupción, polución y contaminación.

Todo limpieza y pureza de Espíritu, de corazón y de cuerpo, todo pureza y limpieza, todo siempre y en todo, universal revolución del amor verdadero.

Y ya no podemos esperar más, es imprescindible y urgente, urgentísimo.

Todos los creyentes unidos en un solo objetivo, de fe, esperanza y caridad.

Hasta el final, dándonos totalmente, hasta la vida si es necesario, hasta dar la vida si es necesario, ¡ya!

Ninguna violencia, darnos totalmente con amor.

¡¡¡Vamos!!! ¡¡¡Ahora o nunca!!! ¡¡¡Adelante!!!

¿Y cómo?

Pues empezando por el más cercano a nosotros, nuestros familiares, nuestra familia, nuestros parientes, amigos, vecinos y conocidos.

Las comunidades más cercanas, la parroquia, las iglesias y los medios de comunicación, de cada uno, cada uno primero su entorno más cercano y mantenernos unidos, a Dios y en la comunidad de cada uno. Crear comunidad. Dos ya es más que uno solo y es el principio.

Y, sobre todo, con oración, cada día rezar, mucho, cuanto más, mejor, a Dios, al señor Jesús, y María Santísima, y san José, y todos los santos. Y al transporte, rezar, caminando, rezar, siempre en presencia del Señor.

Y frecuentar los sacramentos, a ser Eucaristía cada día y la espiritualidad de laicos consagrados por el Bautismo.

Y tratando de hacer siempre la voluntad de Dios, invocando a Él en todo momento y haciendo lo que Él nos diga, con coherencia y respeto por todos, con amor a todos.

Ofrecer acciones y oraciones por todos, rezar el rosario a la Virgen y ofrecerlo por todas nuestras intenciones y personas.

Rezar unos por los otros. Rezar por quien más amamos y por todo otro, por quien no reza nadie, por la paz del mundo, la conversión de todos los pecadores, la salud de todos los enfermos, la exaltación de los pobres, la alegría de los cristianos, la protección del medio ambiente en un equilibrio ecológico perfecto y respetuoso.

Para la unión de todas las religiones en un único Dios, el señor Jesucristo, Dios hecho hombre.

Y todos unidos en la oración al Padre Eterno y el Espíritu Santo en Jesucristo.

¡¡¡Amén!!!

Practicando el mandamiento nuevo de Jesús: «amaos los unos a los otros como Yo os he amado.

¡Yo estaré con vosotros hasta el fin del mundo!».

11

Comunidad

DÍA A DÍA

Todo lo que se ha dicho hasta aquí, con el fin de tener una relación personal con Jesús el Señor, el Hijo de Dios hecho hombre, que por nosotros ha dado la vida y nos brinda su amistad constantemente. Él no nos deja nunca: mantener este diálogo con Él, nuestro Dios, y así vivir una verdadera vida de hijos de Dios y hermanos suyos con todas las personas del mundo y del cielo. Viendo en todos los demás, hermanos nuestros, a Jesús y también en todas las cosas a Él, a Dios. Y así, saber qué quiere de nosotros, en cualquier momento, llevándolo a la oración y nosotros haciéndolo.

Para darnos siempre con amor, a Dios, en todos los demás. Para parecernos a Él, el Señor, que ha dado su vida por nosotros: y ser verdaderos cristianos, en obras y de verdad.

Evangelio, Mt 10, 26-33

No les teman. No hay nada oculto que no deba ser revelado, y nada secreto que no deba ser conocido. Lo que yo les digo en la oscuridad, repítanlo en pleno día; y lo que escuchen al oído, proclámenlo desde lo alto de las casas. No teman a los que matan el cuerpo, pero no pueden matar el alma. Teman más bien a aquel que puede arrojar el alma y el cuerpo a la Gehena. ¿Acaso no se vende un par de pájaros por unas monedas? Sin embargo, ni uno solo de ellos cae en tierra sin el consentimiento del Padre que está en el cielo. Ustedes tienen contados todos sus cabellos. No teman entonces, porque valen más que muchos pájaros. Al que me reconozca abiertamente ante los hombres, yo lo reconoceré ante mi Padre que está en el cielo. Pero yo renegaré ante mi Padre que está en el cielo de aquel que reniegue de mí ante los hombres.

Del misal de domingos y fiestas. Preámbulo

Las preguntas un poco simplistas e ingenuas de Tomás (14.5) y de Felipe (14.8) son la ocasión para Jesús de presentar su mensaje en profundidad. Jesús nos conduce al Padre. Es más: es en Él que vemos al Padre, porque Él es su hijo. Su partida inaugura el fin de los tiempos. El Cristo es el único medio de ir al Padre (Camino), por cuanto es también la segura revelación del Padre (Verdad) y, pues igualmente, la fuente del dinamismo que nos hace hacer la voluntad del Padre (Vida).

Evangelio según san Juan, capítulo 14, 1-12

«No se inquieten. Crean en Dios y crean también en mí. En la casa de mi Padre hay muchas habitaciones; si no fuera así, se lo habría dicho a ustedes. Yo voy a prepararles un lugar. Y cuando haya ido y les haya preparado un lugar, volveré otra vez para llevarlos conmigo, a fin de que donde yo esté, estén también ustedes. Ya conocen el camino del lugar adonde voy». Tomás le dijo: «Señor, no sabemos adónde vas. ¿Cómo vamos a conocer el camino?». Jesús le respondió: «Yo soy el Camino, la Verdad y la Vida. Nadie va al Padre, sino por mí. Si ustedes me conocen, conocerán también a mi Padre. Ya desde ahora lo conocen y lo han visto». Felipe le dijo: «Señor, muéstranos al Padre y eso nos basta». Jesús le respondió: «Felipe, hace tanto tiempo que estoy con ustedes, ¿y todavía no me conocen? El que me ha visto, ha visto al Padre. ¿Cómo dices: "Muéstranos al Padre"? ¿No crees que yo estoy en el Padre y que el Padre está en mí? Las palabras que digo no son mías: el Padre que habita en mí es el que hace las obras. Créanme: yo estoy en el Padre y el Padre está en mí. Créanlo, al menos, por las obras. Les aseguro que el que cree en mí hará también las obras que yo hago, y aún mayores, porque yo me voy al Padre.

Comentario

Ávidos como somos de seguridad, tendemos fuertemente a considerar el Evangelio como una especie de código de la circulación, que nos bastaría respetar escrupulosamente para alcanzar la salvación. Con esta mentalidad, el cristianismo peligra de quedar en el estado de una moral decepcionante, y sería grande la tentación de buscar en otros lugares caminos más eficaces y fáciles para realizarse humanamente. Pues bien; no se trata de conformarse a una ley, sino de seguir una persona. Obedecer un precepto puede hacerse fácilmente; seguir una persona compromete, bien al contrario, nuestra libertad (Mt 19, 21) e implica una exigencia de amor sin límites. Nuestra religión no es moralismo, sino vida.

12

Bendición santo padre Francisco

Estimado en el Señor:

Animado por sentimientos de filial afecto, y en nombre también de quienes realizan la página por el Bautismo, ha tenido la amabilidad de escribir una atenta carta al santo padre.

Su Santidad, agradeciendo este gesto de confianza, los anima a seguir transmitiendo la alegría del Evangelio y a dar testimonio de la esperanza con obras de bien. Con estos deseos, el papa Francisco les ruega que recen por él y por su servicio al santo Pueblo de Dios, a la vez que, invocando la protección maternal de la Santísima Virgen María, Madre de misericordia, les imparte complacido la implorada Bendición Apostólica, que hace extensiva a sus familias y demás seres queridos.

Aprovecho la presente oportunidad para expresarle el testimonio de mi consideración y estima en Cristo.

13

Evangelio

A continuación, exponemos unos fragmentos de los Evangelios que, aunque son muy breves, son especialmente significativos y, además, muy conocidos; también pensamos que les pueden ser especialmente útiles.

«Dios es amor, y quien permanece en el amor permanece en Dios y Dios en él» (1 Jn 4, 16). Estas palabras de la Primera carta de Juan expresan con claridad meridiana el corazón de la fe cristiana: la imagen cristiana de Dios y también la consiguiente imagen del hombre y de su camino. Además, en este mismo versículo, Juan nos ofrece, por así decir, una formulación sintética de la existencia cristiana: «Nosotros hemos conocido el amor que Dios nos tiene y hemos creído en él». Hemos creído en el amor de Dios: así puede expresar el cristiano la opción fundamental de su vida. No se comienza a ser cristiano por una decisión ética o una gran idea, sino por el encuentro con un acontecimiento, con una Persona, que da un nuevo horizonte a la vida y, con ello, una orientación decisiva. En su Evangelio, Juan había expresado este acontecimiento con las siguientes palabras:

Evangelio según san Juan. Capítulo 1

1. Al principio existía la Palabra, y la Palabra estaba junto a Dios, y la Palabra era Dios.

2. Al principio estaba junto a Dios.

3. Todas las cosas fueron hechas por medio de la Palabra y, sin ella, no se hizo nada de todo lo que existe.

4. En ella estaba la vida y la vida era la luz de los hombres.

5. La luz brilla en las tinieblas y las tinieblas no la percibieron.

6. Apareció un hombre enviado por Dios, que se llamaba Juan.

7. Vino como testigo, para dar testimonio de la luz, para que todos creyeran por medio de Él.

8 Él no era luz, sino el testigo de la luz.

9. La Palabra era la luz verdadera que, al venir a este mundo, ilumina a todo hombre.

10. Ella estaba en el mundo, y el mundo fue hecho por medio de ella, y el mundo no la conoció.

11. Vino a los suyos, y los suyos no la recibieron.

12. Pero a todos los que la recibieron, a los que creen en su Nombre, les dio el poder de llegar a ser hijos de Dios.

13. Ellos no nacieron de la sangre, ni por obra de la carne, ni de la voluntad del hombre, sino que fueron engendrados por Dios.

14. Y la Palabra se hizo carne y habitó entre nosotros. Y nosotros hemos visto su gloria, la gloria que recibe del padre como hijo único, lleno de gracia y de verdad.

15. Juan da testimonio de él, al declarar: «Este es aquel del que yo dije: El que viene después de mí me ha precedido, porque existía antes que yo».

16. De su plenitud, todos nosotros hemos participado y hemos recibido gracia sobre gracia.

17. Porque la ley fue dada por medio de Moisés, pero la gracia y la verdad nos han llegado por Jesucristo.

18. Nadie ha visto jamás a Dios; el que lo ha revelado es el hijo único, que está en el seno del Padre. El testimonio de Juan el Bautista

19. Este es el testimonio que dio Juan, cuando los judíos enviaron sacerdotes y levitas desde Jerusalén, para preguntarle: «¿Quién eres tú?».

20. Él confesó y no lo ocultó, sino que dijo claramente: «Yo no soy el Mesías».

21. «¿Quién eres, entonces?», le preguntaron: «¿Eres Elías?». Juan dijo: «No». «¿Eres el Profeta?». «Tampoco», respondió.

22. Ellos insistieron: «¿Quién eres, para que podamos dar una respuesta a los que nos han enviado? ¿Qué dices de ti mismo?».

23. Y él les dijo: «Yo soy una voz que grita en el desierto: Allanen el camino del Señor, como dijo el profeta Isaías».

24. Algunos de los enviados eran fariseos.

25. Y volvieron a preguntarle: «¿Por qué bautizas, entonces, si tú no eres el Mesías, ni Elías, ni el Profeta?».

26. Juan respondió: «Yo bautizo con agua, pero en medio de ustedes hay alguien al que ustedes no conocen.

27. Él viene después de mí, y yo no soy digno de desatar la correa de su sandalia».

28. Todo esto sucedió en Betania, al otro lado del Jordán, donde Juan bautizaba.

29. Al día siguiente, Juan vio acercarse a Jesús y dijo: «Este es el Cordero de Dios, que quita el pecado del mundo.

30. A él me refería, cuando dije: «Después de mí viene un hombre que me precede, porque existía antes que yo».

31. Yo no lo conocía, pero he venido a bautizar con agua para que él fuera manifestado a Israel».

32. Y Juan dio este testimonio: «He visto al Espíritu descender del cielo en forma de paloma y permanecer sobre él.

33. Yo no lo conocía, pero el que me envió a bautizar con agua me dijo: «Aquel sobre el que veas descender el Espíritu y permanecer sobre él, ese es el que bautiza en el Espíritu Santo».

34. Yo lo he visto y doy testimonio de que él es el Hijo de Dios».

35. Al día siguiente, estaba Juan otra vez allí con dos de sus discípulos.

36. Y, mirando a Jesús que pasaba, dijo: «Este es el Cordero de Dios».

37. Los dos discípulos, al oírlo hablar así, siguieron a Jesús.

38. Él se dio vuelta y, viendo que lo seguían, les preguntó: «¿Qué quieren?». Ellos le respondieron: «Rabbí —que traducido significa Maestro—, ¿dónde vives?».

39. «Vengan y lo verán», les dijo. Fueron, vieron dónde vivía y se quedaron con él ese día. Era alrededor de las cuatro de la tarde.

40. Uno de los dos que oyeron las palabras de Juan y siguieron a Jesús era Andrés, el hermano de Simón Pedro.

41. Al primero que encontró fue a su propio hermano Simón, y le dijo: «Hemos encontrado al Mesías», que traducido significa Cristo.

42. Entonces lo llevó a donde estaba Jesús. Jesús lo miró y le dijo: «Tú eres Simón, el hijo de Juan: tú te llamarás Cefas», que traducido significa Pedro.

43. Al día siguiente, Jesús resolvió partir hacia Galilea. Encontró a Felipe y le dijo: «Sígueme».

44. Felipe era de Betsaida, la ciudad de Andrés y de Pedro.

45. Felipe encontró a Natanael y le dijo: «Hemos hallado a aquel de quien se habla en la Ley de Moisés y en los Profetas. Es Jesús, el hijo de José de Nazaret».

46. Natanael le preguntó: «¿Acaso puede salir algo bueno de Nazaret?». «Ven y verás», le dijo Felipe.

47. Al ver llegar a Natanael, Jesús dijo: «Este es un verdadero israelita, un hombre sin doblez».

48. «¿De dónde me conoces?», le preguntó Natanael. Jesús le respondió: «Yo te vi antes que Felipe te llamara, cuando estabas debajo de la higuera».

49. Natanael le respondió: «Maestro, tú eres el hijo de Dios, tú eres el Rey de Israel».

50. Jesús continuó: «Porque te dije: "Te vi debajo de la higuera", crees. Verás cosas más grandes todavía».

51. Y agregó: «Les aseguro que verán el cielo abierto, y a los ángeles de Dios subir y bajar sobre el hijo del hombre».

Evangelio de san Juan. Capítulo 6, 22-29

22. Al día siguiente, la multitud que se había quedado en la otra orilla vio que Jesús no había subido con sus discípulos en la única barca que había allí, sino que ellos habían partido solos.

23. Mientras tanto, unas barcas de Tiberíades atracaron cerca del lugar donde habían comido el pan, después que el Señor pronunció la acción de gracias.

24. Cuando la multitud se dio cuenta de que Jesús y sus discípulos no estaban allí, subieron a las barcas y fueron a Cafarnaúm en busca de Jesús.

25. Al encontrarlo en la otra orilla, le preguntaron: «Maestro, ¿cuándo llegaste?».

26. Jesús les respondió: «Les aseguro que ustedes me buscan, no porque vieron signos, sino porque han comido pan hasta saciarse.

27. Trabajen, no por el alimento perecedero, sino por el que permanece hasta la vida eterna, el que les dará el Hijo del hombre; porque es él a quien Dios, el Padre, marcó con su sello».

28. Ellos le preguntaron: «¿Qué debemos hacer para realizar las obras de Dios?».

29. Jesús les respondió: «La obra de Dios es que ustedes crean en aquel que él ha enviado».

Evangelio de san Juan. Capítulo 15, 9-17

9. Como el Padre me amó, también yo los he amado a ustedes. Permanezcan en mi amor.

10. Si cumplen mis mandamientos, permanecerán en mi amor. como yo cumplí los mandamientos de mi Padre y permanezco en su amor.

11. Les he dicho esto para que mi gozo sea el de ustedes, y ese gozo sea perfecto.

12. Este es mi mandamiento: ámense los unos a los otros, como yo los he amado.

13. No hay amor más grande que dar la vida por los amigos.

14. Ustedes son mis amigos si hacen lo que yo les mando.

15. Ya no los llamo servidores, porque el servidor ignora lo que hace su señor; yo los llamo amigos, porque les he dado a conocer todo lo que oí de mi Padre. 16. No son ustedes los que

me eligieron a mí, sino yo el que los elegí a ustedes, y los destiné para que vayan y den fruto, y ese fruto sea duradero. Así, todo lo que pidan al Padre en mi nombre, él se lo concederá.

17. Lo que yo les mando es que se amen los unos a los otros.

Evangelio de san Juan. Capítulo 16, 5-11

5. Ahora me voy al que me envió, y ninguno de ustedes me pregunta: «¿A dónde vas?».

6. Pero al decirles esto, ustedes se han entristecido.

7. Sin embargo, les digo la verdad: les conviene que yo me vaya, porque si no me voy, el Paráclito no vendrá a ustedes. Pero si me voy, se lo enviaré.

8. Y cuando él venga, probará al mundo dónde está el pecado, dónde está la justicia y cuál es el juicio.

9. El pecado está en no haber creído en mí.

10. La justicia, en que yo me voy al Padre y ustedes ya no me verán.

11. Y el juicio, en que el Príncipe de este mundo ya ha sido condenado.

Leer el comentario del Evangelio por san Antonio de Padua (hacia 1195-1231), franciscano, doctor de la Iglesia. Sermones para el domingo y las fiestas de los santos:

> *Si no me voy, el Defensor no vendrá a vosotros; pero si me voy, os lo enviaré.*
>
> *El Espíritu Santo es el trigo que nos reconforta en el camino hacia la patria, es el vino que nos alegra en la tribulación, el aceite*

que suaviza las amarguras de la vida. Era necesario a los apóstoles este triple auxilio porque debían ir a predicar al mundo entero. Es por eso que Jesús les envía el Espíritu Santo. Ellos quedan llenos de él, llenos a fin de que los espíritus impuros no tengan ningún poder sobre ellos: cuando un vaso está colmado, nada se le puede añadir.

El Espíritu Santo «os enseñará» (Jn 16, 13), para que sepáis; os sugerirá, para que queráis. Es él el que da el saber y el querer; añadamos nuestro «poder» según la medida de nuestras fuerzas, y seremos templos del Espíritu Santo (1Co 6, 19).

Evangelio según san Lucas 24, 13-35

13. Ese mismo día, dos de los discípulos iban a un pequeño pueblo llamado Emaús, situado a unos diez kilómetros de Jerusalén.

14. En el camino hablaban sobre lo que había ocurrido.

15. Mientras conversaban y discutían, el mismo Jesús se acercó y siguió caminando con ellos.

16. Pero algo impedía que sus ojos lo reconocieran.

17. Él les dijo: «¿Qué comentaban por el camino?». Ellos se detuvieron, con el semblante triste.

18 y uno de ellos, llamado Cleofás, le respondió: «¡Tú eres el único forastero en Jerusalén que ignora lo que pasó en estos días!».

19. «¿Qué cosa?», les preguntó. Ellos respondieron: «Lo referente a Jesús, el Nazareno, que fue un profeta poderoso en obras y en palabras delante de Dios y de todo el pueblo.

20. Y cómo nuestros sumos sacerdotes y nuestros jefes lo entregaron para ser condenado a muerte y lo crucificaron.

21. Nosotros esperábamos que fuera él quien librara a Israel. Pero a todo esto ya van tres días que sucedieron estas cosas.

22. Es verdad que algunas mujeres que están con nosotros nos han desconcertado: ellas fueron de madrugada al sepulcro.

23. Y, al no hallar el cuerpo de Jesús, volvieron diciendo que se les había aparecido unos ángeles, asegurándoles que él está vivo.

24. Algunos de los nuestros fueron al sepulcro y encontraron todo como las mujeres habían dicho. Pero a él no lo vieron».

25. Jesús les dijo: «¡Hombres duros de entendimiento, cómo les cuesta creer todo lo que anunciaron los profetas!

26. ¿No será necesario que el Mesías soportó esos sufrimientos para entrar en su gloria?».

27. Y comenzando por Moisés y continuando en todas las Escrituras les explicó lo que se refería a él.

28. Cuando llegaron cerca del pueblo adonde iban, Jesús hizo ademán de seguir adelante.

29. Pero ellos le insistieron: «Quédate con nosotros, porque ya es tarde y el día se acaba». Él entró y se quedó con ellos.

30. Y estando a la mesa, tomó el pan y pronunció la bendición; luego lo partió y se lo dio.

31. Entonces los ojos de los discípulos se abrieron y lo reconocieron, pero él había desaparecido de su vista.

32. Y se decían: «¿No ardía acaso nuestro corazón, mientras nos hablaba en el camino y nos explicaba las Escrituras?».

33. En ese mismo momento, se pusieron en camino y regresaron a Jerusalén. Allí encontraron reunidos a los Once y a los demás que estaban con ellos.

34. Y estos les dijeron: «Es verdad, ¡el Señor ha resucitado y se apareció a Simón!».

35. Ellos, por su parte, contaron lo que les había pasado en el camino y cómo lo habían reconocido al partir el pan.

Leer el comentario del Evangelio por san Josemaría Escrivá de Balaguer (1902-1975), presbítero, fundador. Homilía en amigos de Dios:

Quédate con nosotros.

Los dos discípulos se dirigían a Emaús. Su porte era normal, como el de tantas otras personas que pasaban por aquellos parajes. Y es allí, con naturalidad, que Jesús se les aparece y camina con ellos, comenzando una conversación que les hace olvidar su fatiga… Jesús en el camino. ¡Señor, simplicidad de espíritu; danos una mirada pura, una inteligencia clara! Tú siempre eres grande, pero me conmueves cuando condesciendes a seguirnos, a buscarnos en nuestro ir y venir cotidiano. Señor, concédenos la simplicidad de espíritu; danos una mirada pura, una inteligencia clara para poder comprenderte cuando vienes a nosotros sin ningún signo exterior de tu gloria.

Al llegar al pueblo, el trayecto se acaba y a los dos discípulos que, sin darse cuenta, han sido tocados en lo más profundo de su corazón, por la palabra y el amor de Dios hecho hombre, les duele que se marche. Porque Jesús se despide de ellos «aparentando que iba más lejos».

Nuestro Señor no se impone jamás. Una vez percibida la pureza del amor que ha puesto en nuestra alma, quiere que le llamemos libremente. Hemos de retenerle a la fuerza y rogarle:

«Quédate con nosotros porque atardece y se acaba el día, empieza ya la noche».

Nosotros somos así: nos falta audacia, quizás por falta de sinceridad, o por pudor. En el fondo pensamos: «Quédate con nosotros, porque las tinieblas envuelven nuestra alma, y solo tú eres la luz, solo tú puedes calmar esta sed que nos consume…» Y Jesús se queda con nosotros. Se abren nuestros ojos, como los de Cleofás y su compañero, cuando Cristo parte el pan; y aunque él desaparezca de nuevo de nuestra vista, seremos capaces de ponernos de nuevo en camino —empieza ya la noche— para hablar de él a los demás, porque tanto gozo no puede quedar guardado en un solo corazón. Camino de Emaús. Nuestro Dios ha llenado de dulzura este nombre, y Emaús es el mundo entero porque el Señor ha abierto los caminos divinos de la tierra.

NUEVO TESTAMENTO

Evangelio según san Juan

Oración sacerdotal

1. Después de hablar así, Jesús levantó los ojos al cielo, diciendo: «Padre, ha llegado la hora: glorifica a tu Hijo para que el Hijo te glorifique a ti.

2. Ya que le diste autoridad sobre todos los hombres, para que él diera vida eterna a todos los que tú les has dado.

3. Esta es la vida eterna: que te conozcan a ti, el único Dios verdadero, y a tu enviado, Jesucristo.

4. Yo te he glorificado en la tierra, llevando a cabo la obra que me encomendaste.

5. Ahora, Padre, glorifícame junto a ti, con la gloria que yo tenía contigo antes que el mundo existiera.

6. Manifesté tu nombre a los que separaste del mundo para confiármelos. Eran tuyos y me los diste, y ellos fueron fieles a tu palabra.

7. Ahora saben que todo lo que me has dado viene de ti.

8. Porque les comuniqué las palabras que tú me diste: ellos han reconocido verdaderamente que yo salí de ti, y han creído que tú me enviaste.

9. Yo ruego por ellos: no ruego por el mundo, sino por los que me diste, porque son tuyos.

10. Todo lo mío es tuyo y todo lo tuyo es mío, y en ellos he sido glorificado.

11. Ya no estoy más en el mundo, pero ellos están en él; y yo vuelvo a ti. Padre santo, cuida en tu nombre a aquellos que me diste, para que sean uno, como nosotros.

12. Mientras estaba con ellos, cuidaba en tu nombre a los que me diste; yo los protegía y no se perdió ninguno de ellos, excepto el que debía perderse, para que se cumpliera la escritura.

13. Pero ahora voy a ti, y digo esto estando en el mundo, para que mi gozo sea el de ellos y su gozo sea perfecto.

14. Yo les comuniqué tu palabra, y el mundo los odió porque ellos no son del mundo, como tampoco yo soy del mundo.

15. No te pido que los saques del mundo, sino que los preserves del Maligno.

16. Ellos no son del mundo, como tampoco yo soy del mundo.

17. Conságralos en la verdad: tu palabra es verdad.

18. Así como tú me enviaste al mundo, yo también los envío al mundo.

19. Por ellos me consagro, para que también ellos sean consagrados en la verdad.

20. No ruego solamente por ellos, sino también por los que, gracias a su palabra, creerán en mí.

21. Que todos sean uno: como tú, Padre, estás en mí y yo en ti, que también ellos sean uno en nosotros, para que el mundo crea que tú me enviaste.

22. Yo les he dado la gloria que tú me diste, para que sean uno, como nosotros somos uno.

23. Yo en ellos y tú en mí, para que sean perfectamente uno y el mundo conozca que tú me has enviado, y que yo los amé como tú me amaste.

24. Padre, quiero que los que tú me diste estén conmigo donde yo esté, para que contemplen la gloria que me has dado, porque ya me amabas antes de la creación del mundo.

25. Padre justo, el mundo no te ha conocido, pero yo te conocí, y ellos reconocieron que tú me enviaste.

26. Les di a conocer tu nombre, y se lo seguiré dando a conocer, para que el amor con que tú me amaste esté en ellos, y yo también esté en ellos».

Hemos añadido aquí este fragmento del Evangelio de san Juan, conocido por *Oración sacerdotal*, por su gran impacto que ofrecen estas líneas del Evangelio, como colofón.

Estos fragmentos del Evangelio están extraídos de la web del Vaticano, publicados y accesibles a todos.

14

Virgen María

Acuérdate, ¡oh, piadosísima Virgen María!, que jamás se ha oído decir que ninguno de los que han acudido a tu protección, implorando tu asistencia y reclamando tu auxilio, haya sido abandonado por ti. Animado por esta confianza, a ti también acudo, ¡oh, Virgen, Madre de las Vírgenes! Y aunque gimiendo bajo el peso de mis pecados me atrevo a presentarme ante tu presencia soberana, según tu voluntad, lo que te pido. Amén.

ELLA ES REINA, SEÑORA Y MADRE DEL REY Y DE LOS ÁNGELES.

Santa Brígida vio a la Madre de Dios, la Reina del cielo, con una corona en la cabeza. Sus cabellos, de una belleza incomparable, le caían sobre las espaldas. Tenía una túnica de oro resplandeciente y un manto azul como el cielo.

De pronto, apareció san Juan Bautista, que le dijo: «Escucha con atención: voy a deciros lo que estas cosas significan. La corona significa que la santa Virgen es Reina, Madre del rey y de los ángeles. El cabello suelto significa que ella es virgen muy pura y perfecta. Su manto azul como el cielo significa que todas las cosas temporales para ella no tienen sentido. Su túnica de oro significa que su vida ardió en amor y caridad, tanto interior como exteriormente».

TÚ LE HAS DADO AL MUNDO LA VERDADERA LUZ

Santa María, Madre de Dios, tú le has dado al mundo la verdadera luz, tu hijo Jesús, hijo de Dios. Tú te abandonaste completamente al llamado de Dios y te convertiste así en la fuente de bondad que surge de Dios mismo. Preséntanos ante Jesús. Guíanos hacia Él. Enséñanos a conocerlo y a amarlo, para que podamos ser capaces de un amor verdadero y ser fuente de agua viva en medio de un mundo sediento.

Lo maravilloso crea maravillas

Así como la planta hace plantas, el perro hace perros, el hombre hace hombres, lo maravilloso hace maravillas. Lo contrario sería inaudito.

Yo sé que lo maravilloso tiene sus excesos. Por creer en todo llega la noche de la desilusión en la que ya uno no cree en nada. Los incrédulos se reclutan entre los antiguos incrédulos, raramente entre los antiguos creyentes.

Conozco también la infinitud de Dios y te conozco, Señor. Basta ver cómo has hecho la libélula de los estanques, el bosque de arces en otoño e incluso el resplandor de la luna de noviembre sobre el asfalto. Te aplicas, eres un perfeccionista, incansablemente retocas el universo. Tú que pusiste tanto de ti para inventar una simple flor, cómo debiste investirte para crear a la Madre de tu Hijo. Ella debe ser una maravilla.

Las lágrimas de María

Las lágrimas de la madre de los dolores llenan las Escrituras y desbordan a través de los siglos. Todas las madres, todas las viudas, todas las vírgenes que lloran no agregan nada a esta efusión que bastaría para lavar los corazones de diez mil mundos desesperados.

Todos los heridos, los desnudos, los oprimidos, toda esta procesión dolorosa que llena de atrocidades los caminos de la vida, caben en los pliegos del manto azul de nuestra señora de los Siete Dolores.

Todas las veces que alguien estalla en llantos, en medio de la multitud o en la soledad, es ella misma que llora, porque todas las lágrimas le pertenecen en su condición de Emperatriz de la Beatitud del amor.

Las lágrimas de María son la Sangre misma de Jesucristo, esparcidas de otra manera, como su compasión fue una suerte de crucifixión interior para la santa humanidad de su hijo.

Oh, tierna-Virgen y Madre del Salvador de todos los siglos, a partir de hoy y para siempre, tómame a tu servicio. De hoy en adelante, en todas las circunstancias, sé mi misericordiosa abogada, acude sin cesar en mi ayuda. Después de Dios, yo no quiero preferir a nadie sino a vos, con toda mi voluntad, por la eternidad, como vuestro propio siervo, me pongo a vuestro entero servicio.

Dios te salve, María llena eres de gracia, el Señor es contigo, bendita tú eres entre todas las mujeres y bendito es el fruto de tu vientre, Jesús. Santa María, Madre de Dios, ruega por nosotros pecadores, ahora y en la hora de nuestra muerte. Amén.

15

Catecismo

CATECISMO DE LA IGLESIA CATÓLICA

Prólogo

«PADRE, esta es la vida eterna: que te conozcan a ti, el único Dios verdadero y a tu enviado Jesucristo» (Jn 17, 3).

«Dios, nuestro Salvador…, quiere que todos los hombres se salven y lleguen al conocimiento pleno de la verdad» (1 Tm 2, 3-4).

«No hay bajo el cielo otro nombre dado a los hombres por el que nosotros debamos salvarnos» (Hch 4, 12), sino el nombre de JESÚS.

I La vida del hombre: conocer y amar a Dios

1. Dios, infinitamente perfecto y bienaventurado en sí mismo, en un designio de pura bondad ha creado libremente al hombre para que tenga parte en su vida bienaventurada. Por eso, en todo tiempo y en todo lugar, está cerca del hombre. Le llama y le ayuda a buscarlo, a conocerle y a amarle con todas sus fuerzas. Convoca a todos los hombres, que el pecado dispersó, a la unidad de su familia, la Iglesia. Lo hace mediante su Hijo que envió como Redentor y Salvador al llegar la plenitud de

los tiempos. En Él y por Él, llama a los hombres a ser, en el Espíritu Santo, sus hijos de adopción, y por tanto los herederos de su vida bienaventurada.

2. Para que esta llamada resuene en toda la tierra, Cristo envió a los apóstoles que había escogido, dándoles el mandato de anunciar el Evangelio: «Id, pues, y haced discípulos a todas las gentes, bautizándolas en el nombre del Padre y del Hijo y del Espíritu Santo, y enseñándoles a guardar todo lo que yo os he mandado. Y sabed que yo estoy con vosotros todos los días hasta el fin del mundo» (Mt 28, 19-20). Fortalecidos con esta misión, los apóstoles «salieron a predicar por todas partes, colaborando el Señor con ellos y confirmando la Palabra con las señales que la acompañaban» (Mc 16, 20).

3. Quienes, con la ayuda de Dios, han acogido el llamamiento de Cristo y han respondido libremente a él, se sienten por su parte urgidos por el amor de Cristo a anunciar por todas partes en el mundo la Buena Nueva. Este tesoro recibido de los apóstoles ha sido guardado fielmente por sus sucesores. Todos los fieles de Cristo son llamados a transmitirlo de generación en generación, anunciando la fe, viviéndola en la comunión fraterna y celebrándola en la liturgia y en la oración.

II Transmitir la fe: la catequesis

4. Muy pronto se llamó catequesis al conjunto de los esfuerzos realizados en la Iglesia para hacer discípulos, para ayudar a los hombres a creer que Jesús es el hijo de Dios a fin de que, por la fe, tengan la vida en su nombre, y para educarlos e instruirlos en esta vida y construir así el Cuerpo de Cristo.

5. La catequesis es una educación en la fe de los niños, de los jóvenes y adultos, que comprende especialmente una enseñanza de la doctrina cristiana, dada generalmente de modo orgánico y sistemático con miras a iniciarlos en la plenitud de la vida cristiana.

6. Sin confundirse con ellos, la catequesis se articula dentro de un cierto número de elementos de la misión pastoral de la Iglesia, que tienen un aspecto catequético, que preparan para la catequesis o que derivan de ella: primer anuncio del Evangelio o predicación misionera para suscitar la fe; búsqueda de razones para creer; experiencia de vida cristiana: celebración de los sacramentos; integración en la comunidad eclesial; testimonio apostólico y misionero.

7. La catequesis está unida íntimamente a toda la vida de la Iglesia. No solo la extensión geográfica y el aumento numérico de la Iglesia, sino también, y más aún, su crecimiento interior, su correspondencia con el designio de Dios dependen esencialmente de ella.

8. Los períodos de renovación de la Iglesia son también tiempos fuertes de la catequesis. Así, en la gran época de los Padres de la Iglesia, vemos a santos obispos consagrar una parte importante de su ministerio a la catequesis. Es la época de san Cirilo de Jerusalén y de san Juan Crisóstomo, de san Ambrosio y de san Agustín, y de muchos otros Padres cuyas obras catequéticas siguen siendo modelos.

9 El ministerio de la catequesis saca energías siempre nuevas de los concilios. El Concilio de Trento constituye a este respecto un ejemplo digno de ser destacado: dio a la catequesis una prioridad en sus constituciones y sus decretos; de él nació el Catecismo Romano que lleva también su nombre y que cons-

tituye una obra de primer orden como resumen de la doctrina cristiana; este Concilio suscitó en la Iglesia una organización notable de la catequesis; promovió, gracias a santos obispos y teólogos como san Pedro Canisio, san Carlos Borromeo, santo Toribio de Mogrovejo, san Roberto Belarmino, la publicación de numerosos catecismos.

10. No es extraño, por ello, que, en el dinamismo del Concilio Vaticano II (que el papa Pablo VI consideraba como el gran catecismo de los tiempos modernos), la catequesis de la Iglesia haya atraído de nuevo la atención. El *Directorio general de la catequesis* de 1971, las sesiones del Sínodo de los Obispos consagradas a la evangelización (1974) y a la catequesis (1977), las exhortaciones apostólicas correspondientes, *Evangelii nuntiandi* (1975) y *Catechesi tradendae* (1979), dan testimonio de ello. La sesión extraordinaria del Sínodo de los Obispos de 1985 pidió «que sea redactado un catecismo o compendio de toda la doctrina católica tanto sobre la fe como sobre la moral». El santo padre, Juan Pablo II, hizo suyo este deseo emitido por el Sínodo de los Obispos reconociendo que «responde totalmente a una verdadera necesidad de la Iglesia universal y de las Iglesias particulares». El papa dispuso todo lo necesario para que se realizara la petición de los padres sinodales.

897. «Por laicos se entiende aquí a todos los cristianos, excepto los miembros del orden sagrado y del estado religioso reconocido en la Iglesia. Son, pues, los cristianos que están incorporados a Cristo por el bautismo, que forman el Pueblo de Dios y que participan de las funciones de Cristo: sacerdote, profeta y rey. Ellos realizan, según su condición, la misión de todo el pueblo cristiano en la Iglesia y en el mundo» (LG 31).

La vocación de los laicos:

898. «Los laicos tienen como vocación propia el buscar el Reino de Dios ocupándose de las realidades temporales y ordenándolas según Dios… A ellos, de manera especial, les corresponde iluminar y ordenar todas las realidades temporales, a las que están estrechamente unidos, de tal manera que estas lleguen a ser según Cristo, se desarrollen y sean para alabanza del Creador y Redentor» (LG 31).

899. La iniciativa de los cristianos laicos es particularmente necesaria cuando se trata de descubrir o de idear los medios para que las exigencias de la doctrina y de la vida cristianas impregnen las realidades sociales, políticas y económicas. Esta iniciativa es un elemento normal de la vida de la Iglesia: los fieles laicos se encuentran en la línea más avanzada de la vida de la Iglesia; por ellos, la Iglesia es el principio vital de la sociedad. Por tanto, ellos, especialmente, deben tener conciencia, cada vez más clara, no solo de pertenecer a la Iglesia, sino de ser la Iglesia; es decir, la comunidad de los fieles sobre la tierra bajo la guía del Jefe común, el papa, y de los obispos en comunión con él. Ellos son la Iglesia (Pío XII, discurso 20 de febrero de 1946; citado por Juan Pablo II, CL 9).

900. Como todos los fieles, los laicos están encargados por Dios del apostolado en virtud del bautismo y de la confirmación, y por eso tienen la obligación y gozan del derecho, individualmente o agrupados en asociaciones, de trabajar para que el mensaje divino de salvación sea conocido y recibido por todos los hombres y en toda la tierra; esta obligación es tanto más apremiante cuando solo por medio de ellos los demás hombres pueden oír el Evangelio y conocer a Cristo. En las comunidades

eclesiales, su acción es tan necesaria que, sin ella, el apostolado de los pastores no puede obtener en la mayoría de las veces su plena eficacia (cf. LG 33).

La participación de los laicos en la misión sacerdotal de Cristo:

901. «Los laicos, consagrados a Cristo y ungidos por el Espíritu Santo, están maravillosamente llamados y preparados para producir siempre los frutos más abundantes del Espíritu. En efecto, todas sus obras, oraciones, tareas apostólicas, la vida conyugal y familiar, el trabajo diario, el descanso espiritual y corporal, si se realizan en el Espíritu, incluso las molestias de la vida, si se llevan con paciencia, todo ello se convierte en sacrificios espirituales agradables a Dios por Jesucristo, que ellos ofrecen con toda piedad a Dios Padre en la celebración de la Eucaristía uniéndolos a la ofrenda del cuerpo del Señor. De esta manera, también los laicos, como adoradores que en todas partes llevan una conducta sana, consagran el mundo mismo a Dios» (LG 34; cf. LG 10).

902. De manera particular, los padres participan de la misión de santificación «impregnando de espíritu cristiano la vida conyugal y procurando la educación cristiana de los hijos» (CIC, can. 835, 4).

903. Los laicos, si tienen las cualidades requeridas, pueden ser admitidos de manera estable a los ministerios de lectores y de acólito (cf. CIC, can. 230, 1). «Donde lo aconseje la necesidad de la Iglesia y no haya ministros, pueden también los laicos, aunque no sean lectores ni acólitos, suplirles en algunas de sus funciones, es decir, ejercitar el ministerio de la palabra, presidir las oraciones litúrgicas, administrar el bautismo y dar la sagrada Comunión, según las prescripciones del derecho» (CIC, can. 230, 3).

Su participación en la misión profética de Cristo:

904. «Cristo […] realiza su función profética […] no solo a través de la jerarquía[…] sino también por medio de los laicos. Él los hace sus testigos y les da el sentido de la fe y la gracia de la palabra» (LG 35). Enseñar a alguien para traerlo a la fe es tarea de todo predicador e incluso de todo creyente (santo Tomás de A., STh III, 71, 4 ad 3).

905. Los laicos cumplen también su misión profética evangelizando, con «el anuncio de Cristo comunicado con el testimonio de la vida y de la palabra». En los laicos, esta evangelización «adquiere una nota específica y una eficacia particular por el hecho de que se realiza en las condiciones generales de nuestro mundo» (LG 35): Este apostolado no consiste solo en el testimonio de vida; el verdadero apostolado busca ocasiones para anunciar a Cristo con su palabra, tanto a los no creyentes… como a los fieles (AA 6; cf. AG 15).

906. Los fieles laicos que sean capaces de ello y que se formen para ello también pueden prestar su colaboración en la formación catequética (cf. CIC, can. 774, 776, 780), en la enseñanza de las ciencias sagradas (cf. CIC, can. 229), en los medios de comunicación social (cf. CIC, can. 823, 1).

907. «Tienen el derecho, y a veces incluso el deber, en razón de su propio conocimiento, competencia y prestigio, de manifestar a los Pastores sagrados su opinión sobre aquello que pertenece al bien de la Iglesia y de manifestarla a los demás fieles, salvando siempre la integridad de la fe y de las costumbres y la reverencia hacia los Pastores, habida cuenta de la utilidad común y de la dignidad de las personas» (CIC, can. 212, 3).

Su participación en la misión real de Cristo

908. «Por su obediencia hasta la muerte» (cf. Flp 2, 8-9). Cristo ha comunicado a sus discípulos el don de la libertad regia, «para que vencieran en sí mismos, con la propia renuncia y una vida santa, al reino del pecado» (LG 36). El que somete su propio cuerpo y domina su alma, sin dejarse llevar por las pasiones, es dueño de sí mismo: se puede llamar rey porque es capaz de gobernar su propia persona; es libre e independiente y no se deja cautivar por una esclavitud culpable (san Ambrosio, Psal. 118, 14, 30: PL 15, 1403A).

909. «Los laicos, además, juntando también sus fuerzas, han de sanear las estructuras y las condiciones del mundo, de tal forma que, si algunas de sus costumbres incitan al pecado, todas ellas sean conformes con las normas de la justicia y favorezcan en vez de impedir la práctica de las virtudes. Obrando así, impregnarán de valores morales toda la cultura y las realizaciones humanas» (LG 36).

910. «Los seglares también pueden sentirse llamados o ser llamados a colaborar con sus Pastores en el servicio de la comunidad eclesial, para el crecimiento y la vida de esta, ejerciendo ministerios muy diversos según la gracia y los carismas que el Señor quiera concederles» (EN 73).

911. En la Iglesia, «los fieles laicos pueden cooperar a tenor del derecho en el ejercicio de la potestad de gobierno» (CIC, can. 129, 2). Así, con su presencia en los Concilios particulares (can. 443, 4), los Sínodos diocesanos (can. 463, 1 y 2), los Consejos pastorales (can. 511; 536); en el ejercicio de la tarea pastoral de una parroquia (can. 517, 2); la colaboración en los Consejos de los asuntos económicos (can. 492, 1; 536); la participación en los tribunales eclesiásticos (can. 1421, 2), etc.

912. Los fieles han de «aprender a distinguir cuidadosamente entre los derechos y deberes que tienen como miembros de la Iglesia y los que les corresponden como miembros de la sociedad humana. Deben esforzarse en integrarlos en buena armonía, recordando que en cualquier cuestión temporal han de guiarse por la conciencia cristiana. En efecto, ninguna actividad humana, ni siquiera en los asuntos temporales, puede sustraerse a la soberanía de Dios» (LG 36).

913. «Así, todo laico, por el simple hecho de haber recibido sus dones, es a la vez testigo e instrumento vivo de la misión de la Iglesia misma "según la medida del don de Cristo"» (LG 33).

La Iglesia católica

El señor Jesús instituyó su única Iglesia católica para continuar la redención y reconciliación de los hombres hasta el fin del mundo. Dio a sus Apóstoles sus poderes divinos para predicar el Evangelio, santificar a los hombres y gobernarlos en orden a la salvación eterna.

Por eso, la Iglesia católica es la única verdadera fundada por Jesucristo sobre san Pedro y los Apóstoles; y todos los hombres estamos llamados a ser el Pueblo de Dios guiado por el papa, que es el sucesor de san Pedro y Vicario de Cristo en la Tierra.

La Iglesia católica es también el cuerpo místico de Cristo, porque, como en un cuerpo humano, Cristo es la Cabeza, los bautizados somos los miembros de este cuerpo y el Espíritu Santo es el alma que nos une con su gracia y nos santifica. Por esto, la Iglesia es también Templo del Espíritu Santo.

En su aspecto visible, la Iglesia está formada por los bautizados que profesan la misma fe en Jesucristo, tienen los mismos sacramentos y mandamientos, y aceptan la autoridad establecida por el Señor, que es el papa.

Estos fieles, por el Bautismo, se hacen partícipes de la función sacerdotal, profética y real de Cristo.

¿Quién fundó la Iglesia?

La Iglesia fue fundada por nuestro señor Jesucristo.

¿Cómo empezó Jesús la fundación de la Iglesia?

Jesús empezó la fundación de la Iglesia con la predicación del Reino de Dios, llamando de entre los discípulos que le seguían a los doce apóstoles y nombrando a Pedro jefe de todos ellos.

¿Se puede reconocer hoy a la verdadera Iglesia?

Sí, hoy se puede reconocer a la verdadera Iglesia viendo si tiene por fundador a Jesucristo, si participa de los siete sacramentos, si ama a la Santísima Virgen María y si obedece al papa. Si le falta algo de esto, no es la verdadera Iglesia.

¿Cuál es la misión de la Iglesia?

La misión de la Iglesia es la misma de nuestro señor Jesucristo: llevar a cabo el plan de salvación de Dios sobre los hombres.

¿Qué poderes ha dado Jesús a la Iglesia para cumplir esta misión?

Para cumplir esta misión, Jesús ha dado a la Iglesia los poderes de enseñar su doctrina a todas las gentes, santificarlas con su gracia y guiarlas con autoridad.

¿Cuáles son las propiedades y notas que Cristo confirió a su Iglesia?

Las propiedades y notas que Cristo confirió a su Iglesia son cuatro: que es Una, Santa, Católica y Apostólica.

¿Quiénes son los fieles cristianos?

Los fieles cristianos son los que, incorporados a Cristo por el Bautismo, se integran en el Pueblo de Dios y son hechos partícipes a su modo de la función sacerdotal, profética y real de Cristo para desempeñar la misión de la Iglesia en el mundo.

¿Están todos los fieles llamados a la santidad y al apostolado?

Sí, todos los fieles están llamados a la santidad y al apostolado, sea cual fuere su condición, por el mismo hecho de haber recibido el Bautismo y la Confirmación.

¿Quién es el pastor supremo y cabeza invisible de la Iglesia?

El pastor supremo y cabeza invisible de la Iglesia es Jesucristo.

¿Quién es el papa?

El papa es el sucesor de san Pedro, el Vicario de Cristo en la tierra y la Cabeza visible de la Iglesia.

No, el papa no puede equivocarse cuando define doctrina en materia de fe y costumbres, como maestro supremo de toda la Iglesia, gracias a una especial asistencia del Espíritu Santo.

¿Qué debemos hacer los fieles cuando el papa y los obispos proponen una enseñanza mediante su magisterio ordinario?

Cuando el papa y los obispos proponen una enseñanza mediante su magisterio ordinario, los fieles deben adherirse a ella con espíritu de obediencia religiosa.

¿Quiénes son los obispos?

Los obispos son los sucesores de los apóstoles, que han recibido la plenitud del sacerdocio y tienen la misión de regir sus diócesis unidos al papa. ¿Quiénes son los sacerdotes? Los sacerdotes o presbíteros son aquellos fieles que, por la ordenación sacerdotal, participan sacramentalmente del Sacerdocio de Cristo, siendo constituidos cooperadores de los obispos para predicar el Evangelio, administrar los sacramentos y llevar a Dios a los fieles que se les encomiendan.

¿Quiénes son los laicos?

Los laicos son aquellos fieles que, por vocación divina, están destinados a buscar el reino de Dios, tratando y ordenando las cosas temporales según el querer de Dios.

¿Participan los laicos de las funciones de Cristo?

Sí, los laicos participan de las funciones de Cristo, que es sacerdote, profeta y rey.

¿Dónde han de buscar la santidad y ejercer el apostolado los laicos?

Los laicos han de buscar la santidad y ejercer el apostolado en medio del mundo, en su misma vida secular ordinaria: en el ejercicio de su trabajo y en la familia.

¿Quién da a los laicos el derecho y el deber de hacer apostolado?

Dios mismo, por el Bautismo y la Confirmación, da a los laicos el derecho y el deber de hacer apostolado y santificar el mundo, tanto individualmente como agrupados en asociaciones.

¿Pueden los laicos ser llamados a colaborar con sus pastores en el servicio eclesial?

Los laicos pueden ser llamados a colaborar con sus pastores en ministerios muy diversos, según la gracia y el carisma que el Señor quiera concederles, pero teniendo en cuenta que su misión propia en la Iglesia es la transformación del orden temporal como parte de lo que conocemos como «Evangelización de la Cultura».

¿Qué se entiende por vida consagrada?

Por vida consagrada se entiende aquella forma de vida que se caracteriza por la consagración de la propia vida por la profesión de compromisos —usualmente llamados «consejos evangélicos»— de pobreza, castidad y obediencia, en una vida en común estable y célibe reconocida por la Iglesia.

¿Quiénes pertenecen al estado de vida consagrada?

Pertenecen al estado de vida consagrada los religiosos, los miembros de los institutos seculares, y las nuevas sociedades de vida en común, cuya evolución en la vida de la Iglesia se parece a un árbol maravilloso y lleno de ramas, a partir de una semilla puesta por Dios en su Iglesia.

16

Escuela de san José para aprender de los santos

Escuela de san José

Empezamos un nuevo capítulo, en la paz de Dios Padre, Hijo y Espíritu Santo. Amén. Para que, si Dios quiere, siga dando frutos, en el futuro y para el bien de la Iglesia y de los fieles cristianos católicos. Dicho esto, nos ponemos en marcha ahora mismo para edificar el futuro que nos espera y deseamos para todos; un futuro de paz y santidad, para todos es lo que les deseamos.

1.ª Lectura (Is 55, 10-11)

Esto dice el Señor: «Como bajan la lluvia y la nieve desde el cielo, y no vuelven allá sino después de empapar la tierra, de fecundarla y hacerla germinar, para que dé semilla al sembrador y pan al que come, así será mi palabra que sale de mi boca: no volverá a mí vacía, sino que cumplirá mi deseo y llevará a cabo mi encargo».

Salmo responsorial: 33

R/. El Señor libra de sus angustias a los justos.

Proclamad conmigo la grandeza del Señor, ensalcemos juntos su nombre. Yo consulté al Señor, y me respondió, me libró de todas mis ansias.

Contempladlo, y quedaréis radiantes; vuestro rostro no se avergonzará. El afligido invocó al Señor; Él lo escuchó y lo salvó de sus angustias.

Los ojos del Señor miran a los justos, sus oídos escuchan sus gritos; pero el Señor se enfrenta con los malhechores, para borrar de la tierra su memoria.

Cuando uno grita, el Señor lo escucha y lo libra de sus angustias; el Señor está cerca de los atribulados, salva a los abatidos.

Versículo antes del Evangelio (Mt 4, 4)

No de solo pan vive el hombre, sino de toda palabra que sale de la boca de Dios.

Texto del Evangelio (Mt 6, 7-15)

En aquel tiempo, Jesús dijo a sus discípulos: «Al orar, no charléis mucho, como los gentiles, que se figuran que por su palabrería van a ser escuchados.

No seáis como ellos, porque vuestro Padre sabe lo que necesitáis antes de pedírselo.

Vosotros, pues, orad así:"Padre nuestro que estás en los cielos, santificado sea tu Nombre; venga tu Reino; hágase tu Voluntad así en la tierra como en el cielo. Nuestro pan cotidiano dánosle hoy; y perdónanos nuestras deudas, así como nosotros hemos perdonado a nuestros deudores; y no nos dejes caer en tentación, mas líbranos del mal".

Que si vosotros perdonáis a los hombres sus ofensas, os perdonará también a vosotros vuestro Padre celestial; pero si no perdonáis a los hombres, tampoco vuestro Padre perdonará vuestras ofensas».

¡¡¡Porque queremos ser buenos!!!

★★★★★

Jesús subió al monte a orar.

Texto del Evangelio (Lc 9, 28-36)

En aquel tiempo, Jesús tomó consigo a Pedro, Juan y Santiago, y subió al monte a orar. Y sucedió que, mientras oraba, el aspecto de su rostro se mudó, y sus vestidos eran de una blancura fulgurante, y he aquí que conversaban con Él dos hombres, que eran Moisés y Elías; los cuales aparecían en gloria, y hablaban de su partida, que iba a cumplir en Jerusalén.

Pedro y sus compañeros estaban cargados de sueño, pero permanecían despiertos, y vieron su gloria y a los dos hombres que estaban con Él. Y sucedió que, al separarse ellos de Él, dijo Pedro a Jesús: «Maestro, bueno es estarnos aquí. Vamos a hacer tres tiendas, una para ti, otra para Moisés y otra para Elías», sin saber lo que decía. Estaba diciendo estas cosas cuando se formó una nube y los cubrió con su sombra; y al entrar en la nube, se llenaron de temor. Y vino una voz desde la nube, que decía: «Este es mi hijo, mi elegido; escuchadle». Y cuando la voz hubo sonado, se encontró Jesús solo. Ellos callaron y, por aquellos días, no dijeron a nadie nada de lo que habían visto.

«Jesús subió al monte a orar».

[3]Hoy, segundo domingo de Cuaresma, la liturgia de la palabra nos trae invariablemente el episodio evangélico de la Transfiguración del Señor. Este año con los matices propios de san Lucas.

El tercer evangelista es quien subraya más intensamente a Jesús orante, el Hijo que está permanentemente unido al Padre a través de la oración personal, a veces íntima, escondida, a veces en presencia de sus discípulos, llena de la alegría del Espíritu Santo.

Fijémonos, pues, que Lucas es el único de los sinópticos que comienza la narración de este relato así: «Jesús [...] subió al monte a orar» (Lc 9, 28), y, por tanto, también es el que especifica que la transfiguración del Maestro se produjo «mientras oraba» (Lc 9, 29). No es este un hecho secundario.

La oración es presentada como el contexto idóneo, natural, para la visión de la gloria de Cristo: cuando Pedro, Juan y Santiago se despertaron, «vieron su gloria» (Lc 9, 32). Pero no solamente la de Él, sino también la gloria que ya Dios manifestó en la Ley y los Profetas; estos —dice el evangelista— «aparecían en gloria» (Lc 9, 31). Efectivamente, también ellos encuentran el propio esplendor cuando el Hijo habla al Padre en el amor del Espíritu. Así, en el corazón de la Trinidad, la Pascua de Jesús, «su partida, que iba a cumplir en Jerusalén» (Lc 9, 31) es el signo que manifiesta el designio de Dios desde siempre, llevado a término en el seno de la historia de Israel, hasta el cumplimiento definitivo, en la plenitud de los tiempos, en la muerte y la resurrección de Jesús, el hijo encarnado.

Nos viene bien recordar, en esta Cuaresma y siempre, que solamente si dejamos aflorar el Espíritu de piedad en nuestra

---

[3]   Rev. D. Jaume González i Padrós (Barcelona, España).

vida, estableciendo con el Señor una relación familiar, inseparable, podremos gozar de la contemplación de su gloria. Es urgente dejarnos impresionar por la visión del rostro del Transfigurado. A nuestra vivencia cristiana quizá le sobran palabras y le falta estupor, aquel que hizo de Pedro y de sus compañeros testigos auténticos de Cristo viviente.

«Por un instante, Jesús muestra su gloria divina, confirmando así la confesión de Pedro. Muestra también que para "entrar en su gloria" (Lc 24, 26), es necesario pasar por la Cruz en Jerusalén. Moisés y Elías habían visto la gloria de Dios en la montaña; la Ley y los profetas habían anunciado los sufrimientos del Mesías. La Pasión de Jesús es la voluntad por excelencia del Padre: el Hijo actúa como siervo de Dios[4]».

★★★★★

Movido a compasión [...] le perdonó la deuda.

Salmo responsorial: 24

R/. Recuerda, Señor, tu ternura.

Señor, enséñame tus caminos, instrúyeme en tus sendas: haz que camine con lealtad; enséñame, porque tú eres mi Dios y Salvador. Recuerda, Señor, que tu ternura y tu misericordia son eternas; acuérdate de mí con misericordia, por tu bondad, Señor. El Señor es bueno y es recto, y enseña el camino a los pecadores; hace caminar a los humildes con rectitud, enseña su camino a los humildes.

---

[4] Catecismo de la Iglesia católica, n.° 555

Versículo antes del Evangelio (Jl 2, 12-13)

Ahora pues, dice el Señor, convertíos a mí con todo vuestro corazón, porque soy benigno y clemente.

Texto del Evangelio (Mt 18, 21-35)

En aquel tiempo, Pedro se acercó entonces y le dijo: «Señor, ¿cuántas veces tengo que perdonar las ofensas que me haga mi hermano? ¿Hasta siete veces?». Dícele Jesús: «No te digo hasta siete veces, sino hasta setenta veces siete». Por eso, el reino de los Cielos es semejante a un rey que quiso ajustar cuentas con sus siervos. Al empezar a ajustarlas, le fue presentado uno que le debía 10 000 talentos. Como no tenía con qué pagar, ordenó el señor que fuese vendido él, su mujer y sus hijos y todo cuanto tenía, y que se le pagase. Entonces, el siervo se echó a sus pies, y postrado le decía: «Ten paciencia conmigo, que todo te lo pagaré». Movido a compasión, el señor de aquel siervo le dejó en libertad y le perdonó la deuda. «Al salir de allí, aquel siervo se encontró con uno de sus compañeros, que le debía cien denarios; le agarró y, ahogándole, le decía: «Paga lo que debes».

Su compañero, cayendo a sus pies, le suplicaba: «Ten paciencia conmigo, que ya te pagaré».

Pero él no quiso, sino que fue y le echó en la cárcel, hasta que pagase lo que debía. Al ver sus compañeros lo ocurrido, se entristecieron mucho y fueron a contar a su señor todo lo sucedido. Su señor entonces le mandó llamar y le dijo: «Siervo malvado, yo te perdoné a ti toda aquella deuda porque me lo suplicaste. ¿No debías tú también compadecerte de tu compañero, del mismo modo que yo me compadecí de ti?».

Y, encolerizado, su señor le entregó a los verdugos hasta que pagase todo lo que le debía. Esto mismo hará con vosotros mi Padre celestial, si no perdonáis de corazón cada uno a vuestro hermano».

«Movido a compasión [...] le perdonó la deuda[5]».

Hoy, el Evangelio de Mateo nos invita a una reflexión sobre el misterio del perdón, proponiendo un paralelismo entre el estilo de Dios y el nuestro a la hora de perdonar. El hombre se atreve a medir y a llevar la cuenta de su magnanimidad perdonadora: «Señor, ¿cuántas veces tengo que perdonar las ofensas que me haga mi hermano? ¿Hasta siete veces?» (Mt 18, 21). A Pedro le parece que siete veces ya es mucho o que es, quizá, el máximo que podemos soportar. Bien mirado, Pedro resulta todavía espléndido si lo comparamos con el hombre de la parábola que, cuando encontró a un compañero suyo que le debía cien denarios, «le agarró y, ahogándole, le decía: "Paga lo que debes"» (Mt 18, 28), negándose a escuchar su súplica y la promesa de pago. Echadas las cuentas, el hombre o se niega a perdonar, o mide estrictamente a la baja su perdón.

Verdaderamente, nadie diría que venimos de recibir de parte de Dios un perdón infinitamente reiterado y sin límites. La parábola dice: «Movido a compasión, el señor de aquel siervo le dejó en libertad y le perdonó la deuda» (Mt 18, 27). Y eso que la deuda era muy grande. Pero la parábola que comentamos pone el acento en el estilo de Dios a la hora de otorgar el perdón.

---

[5]   Rev. D. Enric Prat i Jordana (Sort, Lleida, España).

Después de llamar al orden a su deudor moroso y de haberle hecho ver la gravedad de la situación, se dejó enternecer repentinamente por su petición compungida y humilde:

«Postrado le decía: "Ten paciencia conmigo, que todo te lo pagaré", movido a compasión...» (Mt 18, 26-27). Este episodio pone en pantalla aquello que cada uno de nosotros conoce por propia experiencia y con profundo agradecimiento: que Dios perdona sin límites al arrepentido y convertido. El final negativo y triste de la parábola, con todo, hace honor a la justicia y pone de manifiesto la veracidad de aquella otra sentencia de Jesús en Lc 6, 38: «Con la medida con que midáis se os medirá».

Pensamientos para el Evangelio de hoy: «Aquel que perdona y aquél que es perdonado se encuentran en un punto esencial, que es la dignidad» (san Juan Pablo II).

«El perdón es el instrumento puesto en nuestras frágiles manos para alcanzar la serenidad del corazón» (Francisco).

«No hay ninguna falta, por grave que sea, que la Iglesia no pueda perdonar. No hay nadie, tan perverso y tan culpable, que no deba esperar con confianza su perdón siempre que su arrepentimiento sea sincero. Cristo, que ha muerto por todos los hombres, quiere que, en su Iglesia, estén siempre abiertas las puertas del perdón a cualquiera que vuelva del pecado[6]».)

★★★★★

---

[6] Cf. Mt 18, 21-22. Catecismo de la Iglesia católica, n.º 982.

Texto del Evangelio (Lc 15, 1-3.11-32)

En aquel tiempo, viendo que todos los publicanos y los pecadores se acercaban a Jesús para oírle, los fariseos y los escribas murmuraban, diciendo:

«Este acoge a los pecadores y come con ellos». Entonces les dijo esta parábola: «Un hombre tenía dos hijos; y el menor de ellos dijo al padre: "Padre, dame la parte de la hacienda que me corresponde". Y él les repartió la hacienda. Pocos días después, el hijo menor lo reunió todo y se marchó a un país lejano donde malgastó su hacienda viviendo como un libertino. Cuando hubo gastado todo, sobrevino un hambre extrema en aquel país y comenzó a pasar necesidad. Entonces fue y se ajustó con uno de los ciudadanos de aquel país, que le envió a sus fincas a apacentar puercos. Y deseaba llenar su vientre con las algarrobas que comían los puercos, pero nadie se las daba. Y, entrando en sí mismo, dijo: "¡Cuántos jornaleros de mi padre tienen pan en abundancia, mientras que yo aquí me muero de hambre! Me levantaré, iré a mi padre y le diré: Padre, pequé contra el cielo y ante ti. Ya no merezco ser llamado hijo tuyo; trátame como a uno de tus jornaleros". Y, levantándose, partió hacia su padre.»

Estando él todavía lejos, le vio su padre y, conmovido, corrió, se echó a su cuello y le besó efusivamente. El hijo le dijo: "Padre, pequé contra el cielo y ante ti; ya no merezco ser llamado hijo tuyo". Pero el padre dijo a sus siervos: "Traed aprisa el mejor vestido y vestidle; ponedle un anillo en su mano y unas sandalias en los pies. Traed el novillo cebado, matadlo, y comamos y celebremos una fiesta, porque este hijo mío estaba muerto y ha vuelto a la vida; estaba perdido y ha sido hallado". Y comenzaron la fiesta.

»Su hijo mayor estaba en el campo y, al volver, cuando se acercó a la casa, oyó la música y las danzas; y llamando a uno de los criados, le preguntó qué era aquello. Él le dijo: "Ha vuelto tu hermano y tu padre ha matado el novillo cebado, porque le ha recobrado sano".

»Él se irritó y no quería entrar. Salió su padre y le suplicaba. Pero él replicó a su padre: "Hace tantos años que te sirvo, y jamás dejé de cumplir una orden tuya, pero nunca me has dado un cabrito para tener una fiesta con mis amigos; y ¡ahora que ha venido ese hijo tuyo, que ha devorado tu hacienda con prostitutas, has matado para él el novillo cebado!" Pero él le dijo: "Hijo, tú siempre estás conmigo, y todo lo mío es tuyo; pero convenía celebrar una fiesta y alegrarse, porque este hermano tuyo estaba muerto y ha vuelto a la vida; estaba perdido y ha sido hallado"».

[7]Hoy, domingo *laetare* («alegraos»), cuarto de Cuaresma, escuchamos nuevamente este fragmento entrañable del Evangelio según san Lucas, en el que Jesús justifica su práctica inaudita de perdonar los pecados y recuperar a los hombres para Dios.

Siempre me he preguntado si la mayoría de la gente entendía bien la expresión «el hijo pródigo» con la cual se designa esta parábola. Yo creo que deberíamos rebautizarla con el nombre de la parábola del «Padre prodigioso».

Efectivamente, el Padre de la parábola —que se conmueve viendo que vuelve aquel hijo perdido por el pecado— es un ícono del Padre del Cielo reflejado en el rostro de Cristo:

---

[7] Rev. D. Joan Ant. Mateo i García (Tremp, Lleida, España).

«Estando él todavía lejos, le vio su padre y, conmovido, corrió, se echó a su cuello y le besó efusivamente» (Lc 15, 20). Jesús nos da a entender claramente que todo hombre, incluso el más pecador, es para Dios una realidad muy importante que no quiere perder de ninguna manera; y que Él siempre está dispuesto a concedernos con gozo inefable su perdón (hasta el punto de no ahorrar la vida de su Hijo).

Este domingo tiene un matiz de serena alegría y, por eso, es designado como el domingo «alegraos», palabra presente en la antífona de entrada de la Misa de hoy: «Festejad a Jerusalén, gozad con ella todos los que la amáis, alegraos de su alegría». Dios se ha compadecido del hombre perdido y extraviado, y le ha manifestado en Jesucristo —muerto y resucitado— su misericordia.

San Juan Pablo II decía en su encíclica *Dives in misericordia* que el amor de Dios, en una historia herida por el pecado, se ha convertido en misericordia, compasión. La Pasión de Jesús es la medida de esta misericordia. Así entenderemos que la alegría más grande que damos a Dios es dejarnos perdonar presentando a su misericordia nuestra miseria, nuestro pecado. A las puertas de la Pascua acudimos de buen grado al sacramento de la penitencia, a la fuente de la divina misericordia: daremos a Dios una gran alegría, quedaremos llenos de paz y seremos más misericordiosos con los otros. ¡Nunca es tarde para levantarnos y volver al padre que nos ama!

Pensamientos para el Evangelio de hoy

«El Padre eterno puso, con inefable benignidad, los ojos de su amor en aquella alma y empezó a hablarle de esta manera: "¡Hija mía muy querida! Firmísimamente he determinado usar de misericordia para con todo el mundo y proveer a todas las necesidades de los hombres"». (santa Catalina de Siena). «San Juan Pablo II decía en su encíclica *Dives in misericordia* que el amor de Dios, en una historia herida por el pecado, se ha convertido en misericordia, compasión. La Pasión de Jesús es la medida de esta misericordia» (Benedicto XVI).

«El símbolo del cielo nos remite al misterio de la Alianza que vivimos cuando oramos al Padre. Él está en el cielo, es su morada; la Casa del Padre es, por tanto, nuestra "patria". De la patria de la Alianza, el pecado nos ha desterrado y, hacia el Padre, hacia el cielo, la conversión del corazón nos hace volver. En Cristo se han reconciliado el cielo y la tierra, porque el Hijo "ha bajado del cielo", y nos hace subir allí con Él, por medio de su Cruz, su Resurrección y su Ascensión» (Catecismo de la Iglesia católica, n.° 2795).

★★★★★

Jamás un hombre ha hablado como habla ese hombre.

Texto del Evangelio (Jn 7, 40-53)

En aquel tiempo, muchos entre la gente que habían escuchado a Jesús decían: «Este es verdaderamente el profeta». Otros decían: «Este es el Cristo». Pero otros replicaban: «¿Acaso va a venir de Galilea el Cristo? ¿No dice la Escritura que el Cristo vendrá de la descendencia de David y de Belén, el pueblo de donde era David?».

Se originó, pues, una disensión entre la gente por causa de Él. Algunos de ellos querían detenerle, pero nadie le echó mano.

Los guardias volvieron donde los sumos sacerdotes y los fariseos. Estos les dijeron: «¿Por qué no le habéis traído?». Respondieron los guardias: «Jamás un hombre ha hablado como habla ese hombre». Los fariseos les respondieron: «¿Vosotros también os habéis dejado embaucar? ¿Acaso ha creído en Él algún magistrado o algún fariseo? Pero esa gente que no conoce la Ley son unos malditos».

Les dice Nicodemo, que era uno de ellos, el que había ido anteriormente donde Jesús:

«¿Acaso nuestra Ley juzga a un hombre sin haberle antes oído y sin saber lo que hace?». Ellos le respondieron: «¿También tú eres de Galilea? Indaga y verás que de Galilea no sale ningún profeta». Y se volvieron cada uno a su casa.

«Jamás un hombre ha hablado como habla ese hombre».

[8]Hoy notamos cómo se «complica» el ambiente alrededor del Señor, pocos días antes de la Pasión ocurrida en Jerusalén. Por causa de Él se genera como una suerte de discusión y controversia. No podía ser de otro modo: «¿Pensáis que he venido a traer paz a la tierra? Os digo que no, sino división» (Lc 12, 51). Y no es que el Redentor desee la controversia y la división, sino que ante Dios no valen las «medias tintas»: «Quien no está conmigo, está contra mí; y quien no recoge conmigo, desparrama» (Lc 11, 23). ¡Es inevitable! Ante Él no hay ninguna postura neutra: o existe, o no existe; es mi Señor, o no es mi Señor. No es posible servir a dos señores a la vez (cf. Mt 6, 24).

San Juan Pablo II consideraba que ante Dios hay que optar. La fe sencilla que nuestro buen Dios nos pide implica una

---

[8] Rev. D. Antoni Carol i Hostench (Sant Cugat del Vallès, Barcelona, España).

opción. Hay que optar porque Él no se nos quiere imponer; vino a la Tierra de manera discreta; murió empequeñecido, sin hacer alarde de su condición divina (Flp 2, 6). Es lo que expresa maravillosamente santo Tomás de Aquino en el *Adoro Te devote*: «En la cruz se escondía solo la divinidad; aquí [en la Eucaristía] se esconde también la humanidad».

¡Hay que optar! Dios no se impone; se ofrece. Y queda para nosotros la decisión de optar a favor de Él o de no hacerlo. Es una cuestión personal que cada uno —con la ayuda del Espíritu Santo— ha de resolver. De nada sirven los milagros si las disposiciones del hombre no son de humildad y de sencillez. Ante los mismos hechos, vemos a los judíos divididos. Y es que en cuestiones de amor no se puede dar una respuesta tibia, a medias: la vocación cristiana comporta una respuesta radical, tan radical como fue el testimonio de entrega y obediencia de Cristo en la Cruz.

Pensamientos para el Evangelio de hoy

«El Verbo de Dios se hizo hombre y el Hijo de Dios se hizo Hijo del hombre para que el hombre, unido íntimamente al Verbo de Dios, se hiciera hijo de Dios por adopción» (san Ireneo de Lyon).

«En la raíz del misterio de la salvación está, en efecto, la voluntad de un Dios misericordioso, que no se quiere rendir ante la incomprensión, la culpa y la miseria del hombre» (Francisco).

«Entre las autoridades religiosas de Jerusalén, no solamente el fariseo Nicodemo o el notable José de Arimatea eran en secreto discípulos de Jesús, sino que durante mucho tiempo hubo disensiones a propósito de Él hasta el punto de que en la misma víspera de su pasión, san Juan pudo decir de ellos que "un buen número creyó en él", aunque de una manera muy imperfecta (Jn 12, 42). Eso no tiene nada de extraño si se considera que al día siguiente de Pentecostés "multitud de sacerdotes iban aceptando la fe" (Hch 6, 7) y que "algunos de la secta de los fariseos… habían abrazado la fe" […][9]».)

★★★★★

Yo soy la luz del mundo.

Texto del Evangelio (Jn 8, 12-20)

En aquel tiempo, Jesús les habló otra vez a los fariseos, diciendo: «Yo soy la luz del mundo; el que me siga no caminará en la oscuridad, sino que tendrá la luz de la vida». Los fariseos le dijeron: «Tú das testimonio de ti mismo: tu testimonio no vale». Jesús les respondió: «Aunque yo dé testimonio de mí mismo, mi testimonio vale, porque sé de dónde he venido y a dónde voy; pero vosotros no sabéis de dónde vengo ni a dónde voy. Vosotros juzgáis según la carne; yo no juzgo a nadie; y si juzgo, mi juicio es verdadero, porque no estoy yo solo, sino yo y el que me ha enviado. Y en vuestra Ley está escrito que el testimonio de dos personas es válido. Yo soy el que doy testimonio de mí mismo y también el que me ha enviado, el Padre, da testimonio de mí».

Entonces le decían: «¿Dónde está tu padre?». Respondió Jesús: «No me conocéis ni a mí ni a mi padre; si me conocierais a mí, conoceríais también a mi padre». Estas palabras las pronunció en

---

[9]   Catecismo de la Iglesia católica, n.º 595.

el Tesoro, mientras enseñaba en el Templo. Y nadie le prendió, porque aún no había llegado su hora.

«Yo soy la luz del mundo[10]».

Hoy, Jesús nos da una definición de Él mismo que llena de sentido la vida de quienes, a pesar de nuestras deficiencias, le queremos seguir: «Yo soy la luz del mundo» (Jn 8, 12). La persona de Jesús, sus enseñanzas, sus ejemplos de vida son luz que ilumina toda nuestra existencia, tanto en las horas buenas como en las de sufrimiento o contradicción.

¿Qué quiere decir esto? Pues que en cualquier circunstancia en que nos encontremos, ya sea de trabajo, de relación con los otros, en nuestra relación ante Dios, ante las alegrías o las penas… podemos pensar: «¿Qué hizo Jesús en una situación semejante?»; siempre podemos buscar en el Evangelio y responder: «¡Pues esto mismo haré yo!». Precisamente, san Juan Pablo II ha incorporado en el Santo Rosario —el «compendio del Evangelio», como él mismo recuerda— los misterios de la vida pública de Jesús, y los ha denominado «misterios de la luz».

Así, dice el papa: «Él es quien, declarado Hijo predilecto del Padre en el Bautismo del Jordán, anuncia la llegada del Reino, dando testimonio de él con sus obras y proclamando sus exigencias».

Jesús es luz; quien le siga «no caminará en la oscuridad, sino que tendrá la luz de la vida» (Jn 8, 12). Como discípulos suyos, el Señor nos invita también a ser luz para el mundo; a llevar la luz de la esperanza en medio de las violencias, desconfianzas y

---

[10] Rev. D. Jordi Pascual i Bancells (Salt, Girona, España).

miedos de nuestros hermanos; a llevar la luz de la fe en medio de las oscuridades, dudas e interrogantes; a llevar la luz del amor en medio de tanta mentira, rencor y apasionamiento como vemos a nuestro alrededor.

El papa señala como telón de fondo de todos los misterios de luz, las palabras de María en las bodas de Caná: «Haced lo que Él os diga» (Jn 2, 5): este es el camino para que Jesús sea luz del mundo y para que nosotros iluminemos con esta misma luz.

Pensamientos para el Evangelio de hoy

«Cuando tú, Señor Jesús, me conduces a la luz, recibo al Padre, soy coheredero contigo. Habiendo disipado las tinieblas que nos envuelven como una nube, contemplemos al Dios verdadero y proclamemos:"Bendita sea la luz verdadera"» (san Clemente de Alejandría). «Para todos aquellos que al principio escucharon a Jesús, al igual que para nosotros, el símbolo de la luz evoca el deseo de verdad y la sed de llegar a la plenitud del conocimiento que están impresos en lo más íntimo de cada ser humano» (san Juan Pablo II).

«En Jesucristo la verdad de Dios se manifestó en plenitud. "Lleno de gracia y de verdad" (Jn 1, 14), Él es la "luz del mundo" (Jn 8, 12), la Verdad. El que cree en Él no permanece en las tinieblas. El discípulo de Jesús "permanece en su palabra", para conocer "la verdad que hace libre" (cf. Jn 8, 31-32) y que santifica [...][11]»

★★★★★

---

[11]   Catecismo de la Iglesia católica, n.º 2466.

Sábado Santo.

Texto del Evangelio
1. Jacques PHILIPPE (Cordes sur Ciel, Francia)
Hoy no meditamos un evangelio en particular, puesto que es un día que carece de liturgia.

Pero, con María, la única que ha permanecido firme en la fe y en la esperanza después de la trágica muerte de su Hijo, nos preparamos, en el silencio y en la oración, para celebrar la fiesta de nuestra liberación en Cristo, que es el cumplimiento del Evangelio.

La coincidencia temporal de los acontecimientos entre la muerte y la resurrección del Señor y la fiesta judía anual de la Pascua, memorial de la liberación de la esclavitud de Egipto, permite comprender el sentido liberador de la cruz de Jesús, nuevo cordero pascual cuya sangre nos preserva de la muerte.

Otra coincidencia en el tiempo, menos señalada pero sin embargo muy rica en significado, es la que hay con la fiesta judía semanal del «Sabbat». Esta empieza el viernes por la tarde, cuando la madre de familia enciende las luces en cada casa judía, terminando el sábado por la tarde. Esto recuerda que después del trabajo de la creación, después de haber hecho el mundo de la nada, Dios descansó el séptimo día. Él ha querido que también el hombre descanse el séptimo día, en acción de gracias por la belleza de la obra del Creador, y como señal de la alianza de amor entre Dios e Israel, siendo Dios invocado en la liturgia judía del Sabbat como el esposo de Israel. El Sabbat es el día en que se invita a cada uno a acoger la paz de Dios, su «Shalom».

De este modo, después del doloroso trabajo de la cruz, «retoque en que el hombre es forjado de nuevo» según la expresión de Catalina de Siena, Jesús entra en su descanso en el mismo momento en que se encienden las primeras luces del Sabbat: «Todo se ha cumplido» (Jn 19, 30).

Ahora se ha terminado la obra de la nueva creación: el hombre prisionero antaño de la nada del pecado se convierte en una nueva criatura en Cristo. Una nueva alianza entre Dios y la humanidad, que nada podrá jamás romper, acaba de ser sellada, ya que en adelante toda infidelidad puede ser lavada en la sangre y en el agua que brotan de la cruz.

La carta a los Hebreos dice: «Un descanso, el del séptimo día, queda para el pueblo de Dios» (Heb 4, 9). La fe en Cristo nos da acceso a ello. Que nuestro verdadero descanso, nuestra paz profunda, no la de un solo día, sino para toda la vida, sea una total esperanza en la infinita misericordia de Dios, según la invitación del Salmo 16: «Mi carne descansará en la esperanza, pues tú no entregarás mi alma al abismo». Que con un corazón nuevo nos preparemos para celebrar en la alegría las bodas del Cordero y nos dejemos desposar plenamente por el amor de Dios manifestado en Cristo.

Pensamientos para el Evangelio de hoy

«¿Qué idea de Dios hubiera podido antes formarse el hombre, que no fuese un ídolo fabricado por su corazón? Era incomprensible e inaccesible, invisible y superior a todo pensamiento humano; pero ahora ha querido ser comprendido.

¿De qué modo?, te preguntarás. Pues yaciendo en un pesebre, predicando en la montaña, pasando la noche en oración; o bien colgando de la cruz...» (san Bernardo).

«La tiniebla divina de este día, de este siglo, que se convierte cada vez más en un sábado santo, habla a nuestras conciencias. Tiene en sí algo consolador porque la muerte de Dios en Jesucristo es, al mismo tiempo, expresión de su radical solidaridad con nosotros. El misterio más oscuro de la fe es, simultáneamente, la señal más brillante de una esperanza sin fronteras» (Benedicto XVI).

«La muerte de Cristo fue una verdadera muerte en cuanto que puso fin a su existencia humana terrena. Pero a causa de la unión que la Persona del Hijo conservó con su cuerpo, este no fue un despojo mortal como los demás porque "no era posible que la muerte lo dominase" (Hch 2, 24) [...]. La Resurrección de Jesús "al tercer día" (1 Cor 15, 4) era el signo de ello, también porque se suponía que la corrupción se manifestaba a partir del cuarto día[12]».)

Otros comentarios[13]:

Hoy, propiamente, no hay «evangelio» para meditar o —mejor dicho— se debería meditar todo el Evangelio en mayúscula (la Buena Nueva), porque todo él desemboca en lo que hoy recordamos: la entrega de Jesús a la Muerte para resucitar y darnos una Vida Nueva.

Hoy, la Iglesia no se separa del sepulcro del Señor, meditando su Pasión y su Muerte. No celebramos la Eucaristía hasta que haya terminado el día, hasta mañana, que comenzará con la Solemne Vigilia de la resurrección. Hoy es día de silencio, de

---

[12] Catecismo de la Iglesia católica, n.º 627.
[13] Rev. D. Joan Busquets i Masana (Sabadell, Barcelona, España).

dolor, de tristeza, de reflexión y de espera. Hoy no encontramos la Reserva Eucarística en el sagrario. Hay solo el recuerdo y el signo de su «amor hasta el extremo», la Santa Cruz que adoramos devotamente.

Hoy es el día para acompañar a María, la madre. La tenemos que acompañar para poder entender un poco el significado de este sepulcro que velamos. Ella, que con ternura y amor guardaba en su corazón de madre los misterios que no acababa de entender de aquel Hijo que era el Salvador de los hombres, está triste y dolida: «Vino a los suyos, pero los suyos no le recibieron» (Jn 1, 11). Es también la tristeza de la otra madre, la santa Iglesia, que se duele por el rechazo de tantos hombres y mujeres que no han acogido a Aquel que para ellos era la Luz y la Vida.

Hoy, rezando con estas dos madres, el seguidor de Cristo reflexiona y va repitiendo la antífona de la plegaria de Laudes: «Cristo se hizo por nosotros obediente hasta la muerte y una muerte de cruz. Por lo cual Dios le exaltó y le otorgó el nombre que está sobre todo nombre» (cf. Flp 2, 8-9).

Hoy, el fiel cristiano escucha la Homilía Antigua sobre el Sábado Santo que la Iglesia lee en la liturgia del Oficio de Lectura: «Hoy hay un gran silencio en la tierra. Un gran silencio y soledad. Un gran silencio porque el Rey duerme. La tierra se ha estremecido y se ha quedado inmóvil porque Dios se ha dormido en la carne y ha resucitado a los que dormían desde hace siglos. Dios ha muerto en la carne y ha despertado a los del abismo».

Preparémonos con María de la Soledad para vivir el estallido de la Resurrección y para celebrar y proclamar —cuando se acabe este día triste— con la otra madre, la santa Iglesia:

¡Jesús ha resucitado tal como lo había anunciado! (cf. Mt 28, 6).

★★★★★

Domingo de Pascua.

1.ª Lectura (Hch 10, 34a.37-43)

En aquellos días, Pedro tomó la palabra y dijo: «Vosotros conocéis lo que sucedió en toda Judea, comenzando por Galilea, después del bautismo que predicó Juan. Me refiero a Jesús de Nazaret, ungido por Dios con la fuerza del Espíritu Santo, que pasó haciendo el bien y curando a todos los oprimidos por el diablo, porque Dios estaba con Él.»Nosotros somos testigos de todo lo que hizo en la tierra de los judíos y en Jerusalén. A este lo mataron, colgándolo de un madero. Pero Dios lo resucitó al tercer día y le concedió la gracia de manifestarse, no a todo el pueblo, sino a los testigos designados por Dios: a nosotros, que hemos comido y bebido con él después de su resurrección de entre los muertos. Nos encargó predicar al pueblo, dando solemne testimonio de que Dios lo ha constituido juez de vivos y muertos. De él dan testimonio todos los profetas: que todos los que creen en él reciben, por su nombre, el perdón de los pecados».

Salmo responsorial: 117

R/. Este es el día en que actuó el Señor: sea nuestra alegría y nuestro gozo.

Dad gracias al Señor porque es bueno, porque es eterna su misericordia. Diga la casa de Israel: eterna es su misericordia.

«La diestra del Señor es poderosa, la diestra del Señor es excelsa». No he de morir, viviré para contar las hazañas del Señor.

La piedra que desecharon los arquitectos es ahora la piedra angular. Es el Señor quien lo ha hecho, ha sido un milagro patente.

2.ª Lectura (Col 3, 1-4)

Hermanos, si habéis resucitado con Cristo, buscad los bienes de allá arriba, donde Cristo está sentado a la derecha de Dios; aspirad a los bienes de arriba, no a los de la tierra. Porque habéis muerto; y vuestra vida está con Cristo escondida en Dios. Cuando aparezca Cristo, vida vuestra, entonces también vosotros apareceréis gloriosos, juntamente con él.

Secuencia Pascual

Ofrezcan los cristianos ofrendas de alabanza a gloria de la Víctima propicia de la Pascua.

Cordero sin pecado que a las ovejas salva, a Dios y a los culpables unió con nueva alianza.

Lucharon vida y muerte en singular batalla, y, muerto el que es la Vida, triunfante se levanta.

«¿Qué has visto de camino, María, en la mañana? A mi Señor glorioso, la tumba abandonada, los ángeles testigos, sudarios y mortaja. ¡Resucitó de veras mi amor y mi esperanza! Venid a Galilea, allí el Señor aguarda; allí veréis los suyos la gloria de la Pascua». Primicia de los muertos, sabemos por tu gracia que estás resucitado; la muerte en ti no manda. Rey vencedor, apiádate de la miseria humana y da a tus fieles parte en tu victoria santa.

Versículo antes del Evangelio (1Cor 5, 7-8)

Aleluya. Cristo, que es nuestra Pascua, ha sido inmolado; y así solemnicemos el convite en el Señor. Aleluya.

Texto del Evangelio (Jn 20, 1-9)

El primer día de la semana va María Magdalena de madrugada al sepulcro cuando todavía estaba oscuro y ve la piedra quitada del sepulcro.

Echa a correr y llega donde Simón Pedro y donde el otro discípulo a quien Jesús quería y les dice: «Se han llevado del sepulcro al Señor, y no sabemos dónde le han puesto». Salieron Pedro y el otro discípulo, y se encaminaron al sepulcro. Corrían los dos juntos, pero el otro discípulo corrió por delante más rápido que Pedro, y llegó primero al sepulcro. Se inclinó y vio las vendas en el suelo; pero no entró. Llega también Simón Pedro siguiéndole, entra en el sepulcro y ve las vendas en el suelo, y el sudario que cubrió su cabeza, no junto a las vendas, sino plegado en un lugar aparte. Entonces entró también el otro discípulo, el que había llegado el primero al sepulcro; vio y creyó, pues hasta entonces no habían comprendido que, según la Escritura, Jesús debía resucitar de entre los muertos.

«Entró también el otro discípulo, el que había llegado el primero al sepulcro; vio y creyó[14]».

Hoy «es el día que hizo el Señor», iremos cantando a lo largo de toda la Pascua. Y es que esta expresión del Salmo 117 inunda la celebración de la fe cristiana. El Padre ha resucitado a su Hijo

---

[14]   Mons. Joan Enric Vives i Sicília Obispo de Urgell (Lleida, España).

Jesucristo, el Amado, Aquél en quien se complace porque ha amado hasta dar su vida por todos.

Vivamos la Pascua con mucha alegría. Cristo ha resucitado: celebrémoslo llenos de alegría y de amor. Hoy, Jesucristo ha vencido a la muerte, al pecado, a la tristeza... y nos ha abierto las puertas de la nueva vida, la auténtica vida, la que el Espíritu Santo va dándonos por pura gracia. ¡Que nadie esté triste! Cristo es nuestra Paz y nuestro Camino para siempre. Él hoy «manifiesta plenamente el hombre al mismo hombre y le descubre su altísima vocación[15]».

El gran signo que hoy nos da el Evangelio es que el sepulcro de Jesús está vacío. Ya no tenemos que buscar entre los muertos a Aquel que vive, porque ha resucitado. Y los discípulos, que después le verán resucitado, es decir, lo experimentarán vivo en un encuentro de fe maravilloso, captan que hay un vacío en el lugar de su sepultura. Sepulcro vacío y apariciones serán las grandes señales para la fe del creyente. El Evangelio dice que «entró también el otro discípulo, el que había llegado el primero al sepulcro; vio y creyó» (Jn 20, 8).

Supo captar por la fe que aquel vacío y, a la vez, aquella sábana de amortajar y aquel sudario bien doblados eran pequeñas señales del paso de Dios, de la nueva vida. El amor sabe captar aquello que otros no captan, y tiene suficiente con pequeños signos. El «discípulo a quien Jesús quería» (Jn 20, 2) se guiaba por el amor que había recibido de Cristo.

«Ver y creer» de los discípulos que han de ser también los nuestros. Renovemos nuestra fe pascual. Que Cristo sea en

---

[15] Concilio Vaticano II, *Gaudium et Spes* 22.

todo nuestro Señor. Dejemos que su Vida vivifique a la nuestra y renovemos la gracia del bautismo que hemos recibido. Hagámonos apóstoles y discípulos suyos. Guiémonos por el amor y anunciemos a todo el mundo la felicidad de creer en Jesucristo. Seamos testigos esperanzados de su resurrección.

Pensamientos para el Evangelio de hoy

«Lo que hay que considerar en estos hechos es la intensidad del amor que ardía en el corazón de aquella mujer que no se apartaba del sepulcro. Ella fue la única en verlo, porque se había quedado buscándolo, pues lo que da fuerza a las buenas obras es la perseverancia en ellas» (san Gregorio Magno).

«Jesús no ha vuelto a una vida humana normal de este mundo, como Lázaro y los otros muertos que Jesús resucitó. Él ha entrado en una vida distinta, nueva; en la inmensidad de Dios» (Benedicto XVI).

«El misterio de la resurrección de Cristo es un acontecimiento real que tuvo manifestaciones históricamente comprobadas, como lo atestigua el Nuevo Testamento. Ya san Pablo, hacia el año 56, puede escribir a los corintios: "Porque os transmití, en primer lugar, lo que a mi vez recibí: que Cristo murió por nuestros pecados, según las Escrituras; que fue sepultado y que resucitó al tercer día, según las Escrituras; que se apareció a Cefas y luego a los doce". El apóstol habla aquí de la tradición viva de la resurrección que recibió después de su conversión a las puertas de Damasco[16]».

★★★★★

2.º Domingo de Pascua o de la Divina Misericordia La triple paz.

Libro de los Hechos de los Apóstoles 5, 12-16

Los apóstoles hacían muchos signos y prodigios en el pueblo. Todos solían congregarse unidos en un mismo espíritu, bajo el pórtico de Salomón, pero ningún otro se atrevía a unirse al grupo de los Apóstoles, aunque el pueblo hablaba muy bien de ellos.

Aumentaba cada vez más el número de los que creían en el Señor, tanto hombres como mujeres.

Y hasta sacaban a los enfermos a las calles, poniéndolos en catres y camillas, para que cuando Pedro pasara, por lo menos su sombra cubriera a alguno de ellos.

La multitud acudía también de las ciudades vecinas a Jerusalén, trayendo enfermos o poseídos por espíritus impuros, y todos quedaban curados.

Apocalipsis 1, 9-11a.12-13.17-19

Yo, Juan, hermano de ustedes, con quienes comparto las tribulaciones, el Reino y la espera perseverante en Jesús, estaba exiliado en la isla de Patmos, a causa de la Palabra de Dios y del testimonio de Jesús.

---

[16]   Catecismo de la Iglesia católica, n.º 639.

El día del Señor fui arrebatado por el Espíritu y oí detrás de mí una voz fuerte como una trompeta, que decía:

«Escribe en un libro lo que ahora vas a ver, y mándalo a las siete iglesias: a Éfeso, a Esmirna, a Pérgamo, a Tiatira, a Sardes, a Filadelfia y a Laodicea».

Me di vuelta para ver de quién era esa voz que me hablaba, y vi siete candelabros de oro, y en medio de ellos, a alguien semejante a un Hijo de hombre, revestido de una larga túnica que estaba ceñida a su pecho con una faja de oro.

Al ver esto, caí a sus pies, como muerto, pero él, tocándome con su mano derecha, me dijo:

«No temas: yo soy el primero y el último, el Viviente.

Estuve muerto, pero ahora vivo para siempre y tengo la llave de la Muerte y del Abismo.

Escribe lo que has visto, lo que sucede ahora y lo que sucederá en el futuro.

Evangelio según san Juan 20, 19-31

Al atardecer de ese mismo día, el primero de la semana, estando cerradas las puertas del lugar donde se encontraban los discípulos, por temor a los judíos, llegó Jesús y, poniéndose en medio de ellos, les dijo: «¡La paz esté con ustedes!».

Mientras decía esto, les mostró sus manos y su costado. Los discípulos se llenaron de alegría cuando vieron al Señor.

Jesús les dijo de nuevo: «¡La paz esté con ustedes! Como el Padre me envió a mí, yo también los envío a ustedes».

Al decirles esto, sopló sobre ellos y añadió: «Reciban el Espíritu Santo.

Los pecados serán perdonados a los que ustedes se los perdonen, y serán retenidos a los que ustedes se los retengan».

Tomás, uno de los doce, de sobrenombre el Mellizo, no estaba con ellos cuando llegó Jesús.

Los otros discípulos le dijeron: «¡Hemos visto al Señor!». Él les respondió: «Si no veo la marca de los clavos en sus manos, si no pongo el dedo en el lugar de los clavos y la mano en su costado, no lo creeré».

Ocho días más tarde, estaban de nuevo los discípulos reunidos en la casa, y estaba con ellos Tomás. Entonces apareció Jesús, estando cerradas las puertas, se puso en medio de ellos y les dijo: «¡La paz esté con ustedes!».

Luego dijo a Tomás: «Trae aquí tu dedo: aquí están mis manos. Acerca tu mano: métela en mi costado. En adelante no seas incrédulo, sino hombre de fe». Tomás respondió: «¡Señor mío y Dios mío!».

Jesús le dijo: «Ahora crees, porque me has visto. ¡Felices los que creen sin haber visto!».

Jesús realizó además muchos otros signos en presencia de sus discípulos, que no se encuentran relatados en este Libro.

Estos han sido escritos para que ustedes crean que Jesús es el Mesías, el Hijo de Dios, y, creyendo, tengan Vida en su Nombre[17].

Sermón para el Domingo de la Octava de Pascua[18] La triple paz Jesús les dijo: «La paz esté con ustedes». Les dijo: «La paz esté con ustedes» tres veces, por la triple paz que el Señor restableció. Entre Dios y el hombre, reconciliándolo con el Padre por su san-

---

[17] San Antonio de Padua (1195-1231), franciscano, doctor de la Iglesia.
[18] *Une Parole évangélique*, Franciscaines, 1995. Trad. Sc evangelizo.org.

gre; entre el ángel y el hombre, tomando la naturaleza humana y elevándose más allá de los coros de los ángeles; entre el hombre y el hombre, reuniendo en él, piedra angular, el pueblo de judíos y el pueblo de gentiles.

★★★★★

Llegó Jesús y se puso en medio de ellos (Jn 20, 19).
«Yo estoy entre ustedes como el que sirve» (Lc 22, 27). Permanece en el medio de cada corazón. Permanece en el centro, porque todos los rayos de la gracia irradian desde él, como de un centro, hacia nosotros que estamos en la circunferencia y caminamos alrededor.

«Llegó Jesús y se puso en medio de ellos y les dijo: "La paz esté con ustedes"» (Jn 20, 19). Existe una triple paz: la paz del tiempo, la del corazón, la de la eternidad. Debes tener la primera paz con tu prójimo, la segunda contigo mismo y así tendrás la tercera con Dios en el cielo. Permanece también «en medio de ellos» y tendrás paz con tu prójimo. Si no te tienes en medio de ellos, no podrás tener la paz. Sobre la circunferencia no hay ni paz ni tranquilidad de espíritu, sino movimiento e inestabilidad. Se dice que los elefantes, cuando afrontan un combate, portan un cuidado especial a los heridos: los protegen en el centro del grupo junto a los más débiles. Cuida tú también a tu prójimo débil y herido, en el centro de la caridad. El Señor les mostró sus manos y su costado y dijo de nuevo: «¡La paz esté con ustedes! Cómo el Padre me envió a mí, yo también los envío a ustedes» (cf. Jn 20, 21). Con el amor con que el Padre me ha enviado, yo también los envío, con el mismo amor. Yo soy el camino, la verdad y la vida. […] El que me ha visto a mí, ha visto al Padre.

Versículo antes del Evangelio (Jn 14, 6.9)

Yo soy el Camino, la Verdad y la Vida. Nadie viene al Padre sino por mí.

Texto del Evangelio (Jn 14, 6-14)

En aquel tiempo, Jesús dijo a Tomás: «Yo soy el camino, la verdad y la vida. Nadie va al Padre sino por mí. Si me conocéis a mí, conoceréis también a mi Padre; desde ahora lo conocéis y lo habéis visto». Le dice Felipe: «Señor, muéstranos al Padre y nos basta». Le dice Jesús: «¿Tanto tiempo hace que estoy con vosotros y no me conoces, Felipe? El que me ha visto a mí, ha visto al Padre. ¿Cómo dices tú: "Muéstranos al Padre" ¿No crees que yo estoy en el Padre y el Padre está en mí?

Las palabras que os digo, no las digo por mi cuenta; el Padre que permanece en mí es el que realiza las obras. Creedme: yo estoy en el Padre y el Padre está en mí. Al menos, creedlo por las obras. En verdad, en verdad os digo: el que crea en mí, hará él también las obras que yo hago, y hará mayores aún, porque yo voy al Padre. Y todo lo que pidáis en mi nombre, yo lo haré, para que el Padre sea glorificado en el Hijo. Si me pedís algo en mi nombre, yo lo haré».

«Yo soy el camino, la verdad y la vida. […] El que me ha visto a mí, ha visto al Padre».

[19]Hoy celebramos la fiesta de los apóstoles Felipe y Santiago. El Evangelio hace referencia a aquellos coloquios que Jesús tenía solo con los apóstoles, y en los que procuraba ir formándolos, para que tuvieran ideas claras sobre su persona y su misión. Es

---

[19]   Rev. D. Joan Solà i Triadú (Girona, España).

que los apóstoles estaban imbuidos de las ideas que los judíos se habían formado sobre la persona del Mesías: esperaban un liberador terrenal y político, mientras que la persona de Jesús no respondía en absoluto a estas imágenes preconcebidas.

Las primeras palabras que leemos en el Evangelio de hoy son respuesta a una pregunta del apóstol Tomás. «Yo soy el camino, la verdad y la vida. Nadie va al Padre sino por mí» (Jn 14, 6).

Esta respuesta a Tomás da pie a la petición de Felipe: «Señor, muéstranos al Padre y nos basta» (Jn 14, 8). La respuesta de Jesús es, en realidad, una reprensión: «¿Tanto tiempo hace que estoy con vosotros y no me conoces, Felipe?» (Jn 14, 9).

Los apóstoles no acababan de entender la unidad entre el Padre y Jesús, no alcanzaban a ver al Dios y Hombre en la persona de Jesús. Él no se limita a demostrar su igualdad con el Padre, sino que también les recuerda que ellos serán los que continuarán su obra salvadora: les otorga el poder de hacer milagros, les promete que estará siempre con ellos, y cualquier cosa que pidan en su nombre, se la concederá.

Estas respuestas de Jesús a los apóstoles también nos las dirige a todos nosotros. San Josemaría, comentando este texto, dice: «"Yo soy el camino, la verdad y la vida". Con estas inequívocas palabras, nos ha mostrado el Señor cuál es la vereda auténtica que lleva a la felicidad eterna [...]. Lo declara a todos los hombres, pero especialmente nos lo recuerda a quienes, como tú y como yo, le hemos dicho que estamos decididos a tomarnos en serio nuestra vocación de cristianos».

Pensamientos para el Evangelio de hoy

«Cristo en persona es el camino, por esto dice: Yo soy el camino. Lo cual tiene una explicación muy verdadera, ya que por medio de él podemos acercarnos al Padre» (santo Tomás de Aquino). «Felipe nos enseña a dejarnos conquistar por Jesús, a estar con él y a invitar también a otros a compartir esta compañía indispensable; y, viendo, encontrando a Dios, a encontrar la verdadera vida» (Benedicto XVI).

«Dios "quiere que todos los hombres se salven y lleguen al conocimiento de la verdad" (1 Tim 2, 4), es decir, al conocimiento de Cristo Jesús. Es preciso, pues, que Cristo sea anunciado a todos los pueblos y a todos los hombres y que así la Revelación llegue hasta los confines del mundo[20]».

★★★★★

Si no coméis la carne del Hijo del hombre.

Texto del Evangelio (Jn 6, 52-59)

En aquel tiempo, los judíos se pusieron a discutir entre sí y decían: «¿Cómo puede este darnos a comer su carne?». Jesús les dijo: «En verdad, en verdad os digo: si no coméis la carne del Hijo del hombre, y no bebéis su sangre, no tenéis vida en vosotros. El que come mi carne y bebe mi sangre, tiene vida eterna, y yo le resucitaré el último día. Porque mi carne es verdadera comida y mi sangre verdadera bebida. El que come mi carne y bebe mi sangre, permanece en mí, y yo en él. Lo mismo que el Padre,

---

[20] Catecismo de la Iglesia católica, n.º 74.

que vive, me ha enviado y yo vivo por el Padre, también el que me coma vivirá por mí. Este es el pan bajado del cielo; no como el que comieron vuestros padres y murieron; el que coma este pan vivirá para siempre». Esto lo dijo enseñando en la sinagoga, en Cafarnaúm.

«En verdad, en verdad os digo: si no coméis la carne del Hijo del hombre y no bebéis su sangre, no tenéis vida en vosotros[21]».

Hoy, Jesús hace tres afirmaciones capitales, como son: que se ha de comer la carne del Hijo del hombre y beber su sangre; que si no se comulga no se puede tener vida; y que esta vida es la vida eterna y es la condición para la resurrección (cf. Jn 6, 53.58). No hay nada en el Evangelio tan claro, tan rotundo y definitivo como estas afirmaciones de Jesús.

No siempre los católicos estamos a la altura de lo que merece la Eucaristía: a veces se pretende «vivir» sin las condiciones de vida señaladas por Jesús y, sin embargo, como ha escrito san Juan Pablo II, «la Eucaristía es un don demasiado grande para admitir ambigüedades y reducciones».

«Comer para vivir»: comer la carne del Hijo del hombre para vivir como el Hijo del hombre. Este comer se llama «comunión». Es un «comer», y decimos «comer» para que quede clara la necesidad de la asimilación, de la identificación con Jesús. Se comulga para mantener la unión: para pensar como Él, para hablar como Él, para amar como Él. A los cristianos nos hacía falta la encíclica eucarística de Juan Pablo II, *La Iglesia vive de*

---

[21]   Rev. D. Àngel Caldas i Bosch (Salt, Girona, España).

la Eucaristía. Es una encíclica apasionada: es «fuego» porque la Eucaristía es ardiente.

«Vivamente he deseado comer esta Pascua con vosotros antes de padecer» (Lc 22, 15), decía Jesús al atardecer del Jueves Santo. Hemos de recuperar el fervor eucarístico. Ninguna otra religión tiene una iniciativa semejante. Es Dios que baja hasta el corazón del hombre para establecer ahí una relación misteriosa de amor. Y desde ahí se construye la Iglesia y se toma parte en el dinamismo apostólico y eclesial de la Eucaristía. Estamos tocando la entraña misma del misterio, como Tomás, que palpaba las heridas de Cristo resucitado. Los cristianos tendremos que revisar nuestra fidelidad al hecho eucarístico, tal como Cristo lo ha revelado y la Iglesia nos lo propone. Y tenemos que volver a vivir la «ternura» hacia la Eucaristía: genuflexiones pausadas y bien hechas, incremento del número de comuniones espirituales… Y, a partir de la Eucaristía, los hombres nos aparecerán sagrados, tal como son. Y les serviremos con una renovada ternura.

Pensamientos para el Evangelio de hoy

«El mismo Creador y Señor de la naturaleza, que hace que la tierra produzca pan, hace también del pan su propio cuerpo (porque así lo prometió y tiene poder para hacerlo), y el que convirtió el agua en vino hace del vino su sangre. ¡Es la Pascua del Señor!» (san Gaudencio de Brescia).

«La Eucaristía sigue siendo "signo de contradicción" y no puede menos de serlo, porque un Dios que se hace carne y se sacrifica por la vida del mundo pone en crisis la sabiduría de los hombres» (Benedicto XVI).

«El Señor nos dirige una invitación urgente a recibirle en el sacramento de la Eucaristía:"En verdad, en verdad os digo: si no coméis la carne del Hijo del hombre y no bebéis su sangre, no tendréis vida en vosotros" (Jn 6, 53)[22]».

Yo soy el buen pastor, el verdadero pastor. Salmo 100(99), 2.3.5. Sirvan al Señor con alegría, lleguen hasta él con cantos jubilosos. Reconozcan que el Señor es Dios: él hizo y a él pertenecemos; somos su pueblo y ovejas de su rebaño. ¡Qué bueno es el Señor! Su misericordia permanece para siempre, y su fidelidad por todas las generaciones.

★★★★★

Apocalipsis 7, 9.14b-17.
Después de esto, vi una enorme muchedumbre, imposible de contar, formada por gente de todas las naciones, familias, pueblos y lenguas. Estaban de pie ante el trono y delante del Cordero, vestidos con túnicas blancas; llevaban palmas en la mano y exclamaban con voz potente.
Yo le respondí: «Tú lo sabes, Señor». Y él me dijo: «Estos son los que vienen de la gran tribulación; ellos han lavado sus vestiduras y las han blanqueado en la sangre del Cordero».
Por eso están delante del trono de Dios y le rinden culto día y noche en su Templo. El que está sentado en el trono habitará

---

[22] Catecismo de la Iglesia católica, n.º 1384.

126

con ellos: nunca más padecerán hambre ni sed, ni serán agobiados por el sol o el calor.

Porque el Cordero que está en medio del trono será su Pastor y los conducirá hacia los manantiales de agua viva. Y Dios secará toda lágrima de sus ojos».

Evangelio según san Juan 10, 27-30

Mis ovejas escuchan mi voz, yo las conozco y ellas me siguen.

Yo les doy vida eterna: ellas no perecerán jamás y nadie las arrebatará de mis manos. Mi Padre, que me las ha dado, es superior a todos y nadie puede arrebatar nada de las manos de mi Padre. El Padre y yo somos una sola cosa[23]. «Yo soy el buen pastor, el verdadero pastor». (Jn 10, 11).

Abel, el primer pastor, fue la admiración del Señor que gustoso acogió su sacrificio y prefirió mucho más al dador que al don que este le ofrecía (Gn 4, 4). La Escritura elogia también a Jacob, pastor del rebaño de Labán, haciendo notar los desvelos que tenía para con sus ovejas: «Estaba yo que de día me devoraba el resistero, y de noche la helada» (Gn 31, 40); y Dios recompensó a ese hombre su trabajo. También Moisés fue pastor en los montes de Madián, prefiriendo ser maltratado con el pueblo de Dios a los goces [en el palacio del Faraón]. Dios, admirando su elección, le recompensó dejándose ver por Moisés (Ex 3, 2). Y después de la visión, Moisés no abandonó su oficio de pastor, sino que con su cayado mandó a los elementos (Ex 14, 16) y pastoreó al pueblo de Israel. También David fue pastor, pero su

---

[23] Basilio de Seleucia (¿-c. 468) obispo. Homilía 26 sobre el Buen Pastor; PG 85, 299-308)

cayado de pastor fue cambiado en cetro real y recibió la corona. No te sorprenda que todos estos pastores sean cercanos a Dios. El mismo Señor no se sonrojó por ser llamado «pastor» (Sls 22; 79). Dios no se sonroja de pastorear a los hombres, igual que no se sonroja por haberlos creado.

Pero fijémonos ahora en nuestro pastor, Cristo; contemplemos su amor por los hombres y su suavidad para conducirlos a las praderas. Se alegra de las ovejas que lo rodean, igual que busca a las que se extravían. No son para él obstáculo alguno ni los montes ni los bosques; corre por «cañadas oscuras» (Sl 22/23, 4) hasta llegar al lugar donde se encuentra la oveja perdida… Le vemos en los abismos; da orden de salir de allí; es así como busca el amor de sus ovejas. El que ama a Cristo es el que sabe oír su voz. Que os améis unos a otros.

★★★★★

Domingo V (C) de Pascua[24].

1.ª Lectura (Hch 14, 21b-27)
En aquellos días, Pablo y Bernabé volvieron a Listra, a Iconio y a Antioquía, animando a los discípulos y exhortándolos a perseverar en la fe, diciéndoles que hay que pasar mucho para entrar en el reino de Dios. En cada Iglesia designaban presbíteros, oraban, ayunaban y los encomendaban al Señor, en quien habían creído. Atravesaron Pisidia y llegaron a Panfilia. Predicaron en

---

[24] Ver 1.ª Lectura y Salmo (https://evangeli.net/evangelio/dia/2022-05-15#lecturas).

Perge, bajaron a Atalía y allí se embarcaron para Antioquía, de donde los habían enviado, con la gracia de Dios, a la misión que acababan de cumplir. Al llegar, reunieron a la Iglesia, les contaron lo que Dios había hecho por medio de ellos y cómo había abierto a los gentiles la puerta de la fe.

Salmo responsorial: 144

R/. Bendeciré tu nombre por siempre jamás, Dios mío, mi rey. El Señor es clemente y misericordioso, lento a la cólera y rico en piedad; el Señor es bueno con todos, es cariñoso con todas sus criaturas.

Que todas tus criaturas te den gracias, Señor, que te bendigan tus fieles; que proclamen la gloria de tu reinado, que hablen de tus hazañas.

Explicando tus hazañas a los hombres, la gloria y majestad de tu reinado. Tu reinado es un reinado perpetuo, tu gobierno va de edad en edad.

2.ª Lectura (Ap 21, 1-5a)

Yo, Juan, vi un cielo nuevo y una tierra nueva, porque el primer cielo y la primera tierra han pasado, y el mar ya no existe. Y vi la ciudad santa, la nueva Jerusalén, que descendía del cielo, enviada por Dios, arreglada como una novia que se adorna para su esposo. Y escuché una voz potente que decía desde el trono: «Esta es la morada de Dios con los hombres: acamparé entre ellos. Ellos serán su pueblo, y Dios estará con ellos y será su Dios. Enjugará las lágrimas de sus ojos. Ya no habrá muerte, ni luto, ni llanto, ni dolor. Porque el primer mundo ha pasado». Y el que estaba sentado en el trono dijo: «Todo lo hago nuevo».

Versículo antes del Evangelio (Jn 13, 34)

Aleluya. Os doy un mandamiento nuevo, dice el Señor, que os améis los unos a los otros, como yo os he amado. Aleluya.

Texto del Evangelio (Jn 13, 31-33a.34-35)

Cuando salió Judas del cenáculo, dijo Jesús: «Ahora es glorificado el Hijo del Hombre y Dios es glorificado en Él. Si Dios es glorificado en Él, también Dios lo glorificará en sí mismo: pronto lo glorificará.

«Hijos míos, me queda poco de estar con vosotros. Os doy un mandamiento nuevo: que os améis unos a otros como yo os he amado. La señal por la que conocerán que sois discípulos míos será que os amáis unos a otros».

«Que os améis unos a otros».·

[25]Hoy, Jesús nos invita a amarnos los unos a los otros. También en este mundo complejo que nos toca vivir, complejo en el bien y en el mal que se mezcla y amalgama. Frecuentemente tenemos la tentación de mirarlo como una fatalidad, una mala noticia y, en cambio, los cristianos somos los encargados de aportar, en un mundo violento e injusto, la Buena Nueva de Jesucristo.

En efecto, Jesús nos dice que «os améis unos a otros como yo os he amado» (Jn 13, 34). Y una buena manera de amarnos, un modo de poner en práctica la Palabra de Dios, es anunciar, a toda hora, en todo lugar, la Buena Nueva, el Evangelio que no es otro que Jesucristo mismo.

«Llevamos este tesoro en recipientes de barro» (2Cor 4, 7). ¿Cuál es este tesoro? El de la Palabra, el de Dios mismo, y

---

[25]   Rev. D. Jordi Castellet i Sala (Sant Hipòlit de Voltregà, Barcelona, España).

nosotros somos los recipientes de barro. Pero este tesoro es una preciosidad que no podemos guardar para nosotros mismos, sino que lo hemos de difundir:

«Id, pues, y haced discípulos a todas las gentes [...] enseñándoles a guardar todo lo que yo os he mandado. Y he aquí que yo estoy con vosotros todos los días hasta el fin del mundo» (Mt 28, 19-20). De hecho, san Juan Pablo II escribió: «quien ha encontrado verdaderamente a Cristo no puede tenerlo solo para sí, debe anunciarlo».

Con esta confianza, anunciamos el Evangelio; hagámoslo con todos los medios disponibles y en todos los lugares posibles: de palabra, de obra y de pensamiento, por el periódico, por Internet, en el trabajo y con los amigos... «Que vuestro buen trato sea conocido de todos los hombres. El Señor está cerca» (Flp 4, 5).

Por tanto, y como nos recalca el papa Juan Pablo II, hay que utilizar las nuevas tecnologías, sin miramientos, sin vergüenzas, para dar a conocer las Buenas Nuevas de la Iglesia hoy, sin olvidar que solo siendo gente de buen trato, solo cambiando nuestro corazón, conseguiremos que también cambie nuestro mundo.

Pensamientos para el Evangelio de hoy

«Esta es la única salvación para nuestra carne y nuestra alma: la caridad para con ellos [enfermos, necesitados]» (san Gregorio Nacianceno).

«Lo esencial en estas palabras es el "nuevo fundamento" del ser que se nos ha dado. La novedad solamente puede venir del don de la comunión con Cristo, del vivir en Él» (Benedicto XVI).

«La voluntad de nuestro Padre es "que todos los hombres se salven y lleguen al conocimiento pleno de la verdad" (1Tm 2,

3-4). El "usa de paciencia, no queriendo que algunos perezcan" (2Pe 3, 9). Su mandamiento que resume todos los demás y que nos dice toda su voluntad es que 'nos amemos los unos a los otros como él nos ha amado' (Jn 13, 34)[26]».

★★★★★

Si alguno me ama, guardará mi Palabra.

Texto del Evangelio (Jn 14, 23-29)

En aquel tiempo, Jesús dijo a sus discípulos: «Si alguno me ama, guardará mi Palabra, y mi Padre le amará, y vendremos a él, y haremos morada en él. El que no me ama no guarda mis palabras. Y la palabra que escucháis no es mía, sino del Padre que me ha enviado. Os he dicho estas cosas estando entre vosotros. Pero el Paráclito, el Espíritu Santo, que el Padre enviará en mi nombre, os lo enseñará todo y os recordará todo lo que yo os he dicho. Os dejo la paz, mi paz os doy; no os la doy como la da el mundo. No se turbe vuestro corazón ni se acobarde. Habéis oído que os he dicho: "Me voy y volveré a vosotros". Si me amarais, os alegraríais de que me fuera al Padre, porque el Padre es más grande que yo. Y os lo digo ahora, antes de que suceda, para que cuando suceda creáis».

«Si alguno me ama, guardará mi Palabra, y mi Padre le amará, y vendremos a él, y haremos morada en él».

---

[26] Catecismo de la Iglesia católica, n.º 2822.

[27]Hoy, antes de celebrar la Ascensión y Pentecostés, releemos todavía las palabras del llamado sermón de la Última Cena, en las que debemos ver diversas maneras de presentar un único mensaje, ya que todo brota de la unión de Cristo con el Padre y de la voluntad de Dios de asociarnos a este misterio de amor.

A santa Teresita del niño Jesús un día le ofrecieron diversos regalos para que eligiera, y ella —con una gran decisión aun a pesar de su corta edad— dijo: «Lo elijo todo». Ya de mayor entendió que este elegirlo todo se había de concretar en querer ser el amor en la Iglesia, pues un cuerpo sin amor no tendría sentido. Dios es este misterio de amor, un amor concreto, personal, hecho carne en el Hijo Jesús que llega a darlo todo: Él mismo, su vida y sus hechos son el máximo y más claro mensaje de Dios.

Es de este amor que lo abarca todo de donde nace la «paz». Esta es hoy una palabra añorada: queremos paz y todo son alarmas y violencias. Solo conseguiremos la paz si nos volvemos hacia Jesús, ya que es Él quien nos la da como fruto de su amor total. Pero no nos la da como el mundo lo hace (cf. Jn 14, 27), pues la paz de Jesús no es la quietud y la despreocupación, sino todo lo contrario: la solidaridad que se hace fraternidad, la capacidad de mirarnos y de mirar a los otros con ojos nuevos como hace el Señor, y así perdonarnos. De ahí nace una gran serenidad que nos hace ver las cosas tal como son, y no como aparecen. Siguiendo por este camino llegaremos a ser felices.

«El Espíritu Santo, que el Padre enviará en mi nombre, os lo enseñará todo y os recordará todo lo que yo os he dicho» (Jn 14, 26). En estos últimos días de Pascua pidamos abrirnos al

---

[27] Rev. D. Francesc Catarineu i Vilageliu (Sabadell, Barcelona, España).

Espíritu: le hemos recibido al ser bautizados y confirmados, pero es necesario que —como *ulterior* don— rebrote en nosotros y nos haga llegar allá donde no osaríamos.

Pensamientos para el Evangelio de hoy

«Si cierras la puerta de tu alma, dejas afuera a Cristo. Aunque tiene poder para entrar, no quiere ser inoportuno, no quiere obligar a la fuerza» (san Ambrosio). «En toda la historia de la salvación, en la que Dios se ha hecho cercano a nosotros y espera pacientemente nuestros tiempos, incluyendo nuestras infidelidades, alienta nuestros esfuerzos y nos guía. En la oración aprendemos a ver los signos de este plan misericordioso» (Benedicto XVI).

«La forma tradicional para pedir el Espíritu es invocar al Padre por medio de Cristo nuestro Señor para que nos dé el Espíritu Consolador. Jesús insiste en esta petición en su Nombre en el momento mismo en que promete el don del Espíritu de Verdad. Pero la oración más sencilla y la más directa es también la más tradicional: "Ven, Espíritu Santo"[28]».

★★★★★

«Ánimo, yo he vencido al mundo».

Texto del Evangelio (Jn 16, 29-33)

En aquel tiempo, los discípulos dijeron a Jesús: «Ahora sí que hablas claro, y no dices ninguna parábola. Sabemos ahora que lo sabes todo y no necesitas que nadie te pregunte. Por esto cree-

---

[28] Catecismo de la Iglesia católica, n.º 2671.

mos que has salido de Dios». Jesús les respondió: «¿Ahora creéis? Mirad que llega la hora (y ha llegado ya) en que os dispersaréis cada uno por vuestro lado y me dejaréis solo. Pero no estoy solo, porque el Padre está conmigo. Os he dicho estas cosas para que tengáis paz en mí. En el mundo tendréis tribulación. Pero ¡ánimo!: yo he vencido al mundo». «¡Ánimo!: yo he vencido al mundo».

[29]Hoy podemos tener la sensación de que el mundo de la fe en Cristo se debilita. Hay muchas noticias que van en contra de la fortaleza que querríamos recibir de la vida fundamentada íntegramente en el Evangelio. Los valores del consumismo, del capitalismo, de la sensualidad y del materialismo están en boga y en contra de todo lo que suponga ponerse en sintonía con las exigencias evangélicas. No obstante, este conjunto de valores y de maneras de entender la vida no dan ni la plenitud personal ni la paz, sino que solo traen más malestar e inquietud interior. ¿No será por esto que, hoy, las personas van por la calle enfurruñadas, cerradas y preocupadas por un futuro que no ven nada claro, precisamente porque se lo han hipotecado al precio de un coche, de un piso o de unas vacaciones que, de hecho, no se pueden permitir? Las palabras de Jesús nos invitan a la confianza: «¡Ánimo! Yo he vencido al mundo» (Jn 16, 33), es decir, por su Pasión, Muerte y Resurrección ha alcanzado la vida eterna, aquella que no tiene obstáculos, aquella que no tiene límite porque ha vencido todos los límites y ha superado todas las dificultades.

Los de Cristo vencemos las dificultades tal y como Él las ha vencido, a pesar de que en nuestra vida también hayamos de pasar

---

29   Rev. D. Jordi Castellet i Sala (Sant Hipòlit de Voltregà, Barcelona, España).

por sucesivas muertes y resurrecciones, nunca deseadas, pero sí asumidas por el mismo Misterio Pascual de Cristo. ¿Acaso no son «muertes» la pérdida de un amigo, la separación de la persona amada, el fracaso de un proyecto o las limitaciones que experimentamos a causa de nuestra fragilidad humana? Pero «sobre todas estas cosas triunfamos por Aquel que nos amó» (Rom 8, 37). Seamos testigos del amor de Dios, porque Él en nosotros «ha hecho [...] cosas grandes» (Lc 1, 49) y nos ha dado su ayuda para superar toda dificultad, incluso la muerte, porque Cristo nos comunica su Espíritu Santo. .

Pensamientos para el Evangelio de hoy

«Durante todo este tiempo que media entre la resurrección del Señor y su ascensión, la providencia de Dios se ocupó en demostrar, insinuándose en los ojos y en el corazón de los suyos, que la resurrección del Señor Jesucristo era tan real como su nacimiento, pasión y muerte» (san León Magno).

«Aquí nos interesa destacar el secreto de la insondable alegría que Jesús lleva dentro de sí y que le es propia. Si Jesús irradia esa paz, esa seguridad, esa alegría, esa disponibilidad, se debe al amor inefable con que se sabe amado por su Padre» (san Pablo VI).

«[...] La virtud de la fortaleza hace capaz de vencer el temor, incluso a la muerte, y de hacer frente a las pruebas y a las persecuciones. Capacita para ir hasta la renuncia y el sacrificio de la propia vida por defender una causa justa. [...] "En el mundo tendréis tribulación. Pero ¡ánimo! Yo he vencido al mundo" (Jn 16, 33)[30]».

---

[30] Catecismo de la Iglesia católica, n.º 1808.

★★★★★

La Ascensión.
Mientras los bendecía, se separó de ellos y fue llevado al cielo.

Texto del Evangelio (Lc 24, 46-53)

En aquel tiempo, Jesús dijo a sus discípulos: «Así está escrito que Cristo padeciera y resucitara de entre los muertos al tercer día y se predicara en su nombre la conversión para perdón de los pecados a todas las naciones, empezando desde Jerusalén. Vosotros seréis testigos de estas cosas. Mirad, voy a enviar sobre vosotros la Promesa de mi Padre. Por vuestra parte permaneced en la ciudad hasta que seáis revestidos de poder desde lo alto».

Los sacó hasta cerca de Betania y, alzando sus manos, los bendijo. Y sucedió que, mientras los bendecía, se separó de ellos y fue llevado al cielo. Ellos, después de postrarse ante Él, se volvieron a Jerusalén con gran gozo y estaban siempre en el Templo bendiciendo a Dios.

«Mientras los bendecía, se separó de ellos y fue llevado al cielo»[31].

Hoy, Ascensión del Señor, recordamos nuevamente la «misión» que nos sigue confiada:

«Vosotros seréis testigos de estas cosas» (Lc 24, 48). La Palabra de Dios sigue siendo actualidad viva hoy: «Recibiréis la fuerza del Espíritu Santo […] y seréis mis testigos» (Hch 1, 8) hasta los confines del mundo. La Palabra de Dios es exigencia de urgente

---

[31] Dom. Josep Alegre, abad emérito de santa M.ª de Poblet (Tarragona, España).

actualidad: «Id al mundo entero y proclamad el Evangelio a toda la creación» (Mc 16, 15).

En esta Solemnidad resuena con fuerza esa invitación de nuestro Maestro, que —revestido de nuestra humanidad—, terminada su misión en este mundo, nos deja para sentarse a la diestra del Padre y enviarnos la fuerza de lo alto, el Espíritu Santo.

Pero yo no puedo sino preguntarme: El Señor, ¿actúa a través de mí? ¿Cuáles son los signos que acompañan a mi testimonio? Algo me recuerda los versos del poeta: «No puedes esperar hasta que Dios llegue a ti y te diga: "Yo soy". Un dios que declara su poder carece de sentido. Tienes que saber que Dios sopla a través de ti desde el comienzo, y si tu pecho arde y nada denota, entonces está Dios obrando en él».

Y este debe ser nuestro signo: el fuego que arde dentro, el fuego que —como en el profeta Jeremías— no se puede contener: la Palabra viva de Dios. Y uno necesita decir: «¡Pueblos todos, batid palmas, aclamad a Dios con gritos de alegría! Sube Dios entre aclamaciones, ¡salmodiad para nuestro Dios, salmodiad!» (Sal 47, 2.6-7).

Su reinado se está gestando en el corazón de los pueblos, en tu corazón, como una semilla que está ya a punto para la vida. —Canta, danza, para tu Señor. Y, si no sabes cómo hacerlo, pon la Palabra en tus labios hasta hacerla bajar al corazón: —Dios, Padre de nuestro señor Jesucristo, dame espíritu de sabiduría y revelación para conocerte. Ilumina los ojos de mi corazón para comprender la esperanza a la que me llamas, la riqueza de gloria que me tienes preparada y la grandeza de tu poder que has desplegado con la resurrección de Cristo.

Pensamientos para el Evangelio de hoy

«Cristo es un solo cuerpo formado por muchos miembros. Bajó, pues, del cielo, por su misericordia, pero ya no subió Él solo, puesto que nosotros subimos también en Él por la gracia» (san Agustín).

«El Señor atrae la mirada de los Apóstoles —nuestra mirada— hacia el cielo para indicarles cómo recorrer el camino del bien durante la vida terrena. Podemos escuchar, ver y tocar al Señor Jesús en la Iglesia, especialmente mediante la palabra y los sacramentos» (Benedicto XVI).

«En el cielo, Cristo ejerce permanentemente su sacerdocio. De ahí que pueda salvar perfectamente a los que por Él llegan a Dios, ya que está siempre vivo para interceder en su favor. Como "Sumo Sacerdote de los bienes futuros" (Hb 9, 11), es el centro y el oficiante principal de la liturgia que honra al Padre en los cielos[32]»)

★★★★★

Domingo de Pentecostés[33].

1.ª Lectura (Hch 2, 1-11):

Al cumplirse el día de Pentecostés, estaban todos juntos en el mismo lugar. De repente, se produjo desde el cielo un estruendo, como de viento que soplaba fuertemente, y llenó toda la casa donde se encontraban sentados. Vieron aparecer unas lenguas,

---

[32] Catecismo de la Iglesia católica, n.º 662.
[33] Ver 1.ª Lectura y Salmo.

como llamaradas, que se dividían, posándose encima de cada uno de ellos. Se llenaron todos de Espíritu Santo y empezaron a hablar en otras lenguas, según el Espíritu les concedía manifestarse.

Residían entonces en Jerusalén judíos devotos venidos de todos los pueblos que hay bajo el cielo. Al oírse este ruido, acudió la multitud y quedaron desconcertados, porque cada uno los oía hablar en su propia lengua. Estaban todos estupefactos y admirados, diciendo: «¿No son galileos todos esos que están hablando? Entonces, ¿cómo es que cada uno de nosotros los oímos hablar en nuestra lengua nativa? Entre nosotros hay partos, medos, elamitas y habitantes de Mesopotamia, de Judea y Capadocia, del Ponto y Asia, de Frigia y Panfilia, de Egipto y de la zona de Libia que limita con Cirene; hay ciudadanos romanos forasteros, tanto judíos como prosélitos; también hay cretenses y árabes; y cada uno los oímos hablar de las grandezas de Dios en nuestra propia lengua».

Salmo responsorial: 103
R/. Envía tu Espíritu, Señor, y repuebla la faz de la tierra.
Bendice, alma mía, al Señor: ¡Dios mío, qué grande eres! Cuántas son tus obras, Señor; la tierra está llena de tus criaturas.

Les retiras el aliento, y expiran y vuelven a ser polvo; envías tu Espíritu, y los creas, y repueblas la faz de la tierra.

Gloria a Dios para siempre, goce el Señor con sus obras; que le sea agradable mi poema, y yo me alegraré con el Señor.

2.ª Lectura (1Cor 12, 3b-7.12-13)
Hermanos, nadie puede decir: «Jesús es Señor», sino por el Espíritu Santo. Y hay diversidad de carismas, pero un mismo Espíritu; hay diversidad de ministerios, pero un mismo Señor;

y hay diversidad de actuaciones, pero un mismo Dios que obra todo en todos. Pero a cada cual se le otorga la manifestación del Espíritu para el bien común. Pues, lo mismo que el cuerpo es uno y tiene muchos miembros, y todos los miembros del cuerpo, a pesar de ser muchos, son un solo cuerpo, así es también Cristo. Pues todos nosotros, judíos y griegos, esclavos y libres, hemos sido bautizados en un mismo Espíritu, para formar un solo cuerpo. Y todos hemos bebido de un solo Espíritu.

SECUENCIA: Ven, Espíritu divino, manda tu luz desde el cielo. Padre amoroso del pobre; don, en tus dones espléndido; luz que penetra las almas; fuente del mayor consuelo. Ven, dulce huésped del alma, descanso de nuestro esfuerzo, tregua en el duro trabajo, brisa en las horas de fuego, gozo que enjuga las lágrimas y reconforta en los duelos. Entra hasta el fondo del alma, divina luz, y enriquécenos.

Mira el vacío del hombre, si tú le faltas por dentro; mira el poder del pecado, cuando no envías tu aliento. Riega la tierra en sequía, sana el corazón enfermo, lava las manchas, infunde calor de vida en el hielo, doma el espíritu indómito, guía al que tuerce el sendero.

Reparte tus siete dones, según la fe de tus siervos; por tu bondad y tu gracia, dale al esfuerzo su mérito; salva al que busca salvarse y danos tu gozo eterno.

Versículo antes del Evangelio

Aleluya. Ven, Espíritu Santo, llena los corazones de tus fieles y enciende en ellos el fuego de tu amor. Aleluya.

Texto del Evangelio (Jn 20, 19-23)

Al atardecer de aquel día, el primero de la semana, estando cerradas, por miedo a los judíos, las puertas del lugar donde se encontraban los discípulos, se presentó Jesús en medio de ellos y les dijo: «La paz con vosotros». Dicho esto, les mostró las manos y el costado. Los discípulos se alegraron de ver al señor. Jesús les dijo otra vez: «La paz con vosotros. Como el Padre me envió, también yo os envío». Dicho esto, sopló sobre ellos y les dijo: «Recibid el Espíritu Santo. A quienes perdonéis los pecados, les quedan perdonados; a quienes se los retengáis, les quedan retenidos».

«Recibid el Espíritu Santo».

[34]Hoy, en el día de Pentecostés, se realiza el cumplimiento de la promesa que Cristo había hecho a los Apóstoles. En la tarde del día de Pascua sopló sobre ellos y les dijo: «Recibid el Espíritu Santo» (Jn 20, 22). La venida del Espíritu Santo el día de Pentecostés renueva y lleva a plenitud ese don de un modo solemne y con manifestaciones externas. Así culmina el misterio pascual.

El Espíritu que Jesús comunica crea en el discípulo una nueva condición humana y produce unidad. Cuando el orgullo del hombre le lleva a desafiar a Dios construyendo la torre de Babel, Dios confunde sus lenguas y no pueden entenderse. En Pentecostés sucede lo contrario: por gracia del Espíritu Santo, los Apóstoles son entendidos por gentes de las más diversas procedencias y lenguas.

El Espíritu Santo es el Maestro interior que guía al discípulo hacia la verdad, que le mueve a obrar el bien, que lo consuela en

---

[34]   Mons. José Ángel Saiz Meneses, Arzobispo de Sevilla (Sevilla, España).

el dolor, que lo transforma interiormente, dándole una fuerza, una capacidad nueva.

El primer día de Pentecostés de la era cristiana, los Apóstoles estaban reunidos en compañía de María y estaban en oración. El recogimiento, la actitud orante es imprescindible para recibir el Espíritu. «De repente, un ruido del cielo, como de un viento recio, resonó en toda la casa donde se encontraban. Vieron aparecer unas lenguas, como llamaradas, que se repartían, posándose encima de cada uno» (Hch 2, 2-3).

Todos quedaron llenos del Espíritu Santo y se pusieron a predicar valientemente. Aquellos hombres atemorizados habían sido transformados en valientes predicadores que no temían la cárcel, ni la tortura, ni el martirio. No es extraño; la fuerza del Espíritu estaba en ellos.

El Espíritu Santo, Tercera Persona de la Santísima Trinidad, es el alma de mi alma, la vida de mi vida, el ser de mi ser; es mi santificador, el huésped de mi interior más profundo. Para llegar a la madurez en la vida de fe es preciso que la relación con Él sea cada vez más consciente, más personal. En esta celebración de Pentecostés abramos las puertas de nuestro interior de par en par.

Pensamientos para el Evangelio de hoy

«Donde está la Iglesia, allí está también el Espíritu de Dios; y donde está el Espíritu de Dios, allí está también la Iglesia y toda la gracia» (san Ireneo de Lyon).

«El sacramento de la Penitencia surge directamente del misterio pascual. El perdón no es el fruto de nuestros esfuerzos, sino que es un regalo, un don del Espíritu Santo, que nos llena con el baño de misericordia y de gracia que fluye sin cesar del corazón abierto de par en par de Cristo crucificado y resucitado» (Francisco).

«El Símbolo de los Apóstoles vincula la fe en el perdón de los pecados a la fe en el Espíritu Santo, pero también a la fe en la Iglesia y en la comunión de los santos. Al dar el Espíritu Santo a sus apóstoles, Cristo resucitado les confirió su propio poder divino de perdonar los pecados[35]».

---

[35]   Catecismo de la Iglesia católica, n.° 976.

17

Otros textos importantes

Yo soy el Camino, la Verdad y la Vida. Nadie va al Padre sino por mí.

1.ª Lectura (Hch 13, 26-33)

En aquellos días, cuando llegó Pablo a Antioquía de Pisidia, decía en la sinagoga: «Hermanos, hijos del linaje de Abrahán y todos vosotros los que teméis a Dios: a nosotros se nos ha enviado esta palabra de salvación. En efecto, los habitantes de Jerusalén y sus autoridades no reconocieron a Jesús ni entendieron las palabras de los profetas que se leen los sábados, pero las cumplieron al condenarlo. Y, aunque no encontraron nada que mereciera la muerte, le pidieron a Pilato que lo mandara ejecutar. Y, cuando cumplieron todo lo que estaba escrito de él, lo bajaron del madero y lo enterraron.

Pero Dios lo resucitó de entre los muertos. Durante muchos días, se apareció a los que habían subido con él de Galilea a Jerusalén, y ellos son ahora sus testigos ante el pueblo. También nosotros os anunciamos la Buena Noticia de que la promesa que Dios hizo a nuestros padres nos la ha cumplido a nosotros, sus hijos, resucitando a Jesús. Así está escrito en el salmo segundo: "Tú eres mi Hijo: yo te he engendrado hoy"».

Salmo responsorial: 2

R/. Tú eres mi Hijo: yo te he engendrado hoy.

«Yo mismo he establecido a mi Rey en Sion, mi monte santo». Voy a proclamar el decreto del Señor; él me ha dicho: «Tú eres mi Hijo: yo te he engendrado hoy.

Pídemelo: te daré en herencia las naciones, en posesión, los confines de la tierra: los gobernarás con cetro de hierro, los quebrarás como jarro de loza». «Tú eres mi Hijo: yo te he engendrado hoy».

Y ahora, reyes, sed sensatos; escarmentad, los que regís la tierra: servid al Señor con temor, rendidle homenaje temblando. Versículo antes del Evangelio (Jn 14, 6): Aleluya. Yo soy el Camino, la Verdad y la Vida, dice el Señor; nadie viene al Padre sino por mí. Aleluya.

Texto del Evangelio (Jn 14, 1-6)

En aquel tiempo, Jesús dijo a sus discípulos:

«No se turbe vuestro corazón. Creéis en Dios: creed también en mí. En la casa de mi Padre hay muchas mansiones; si no, os lo habría dicho; porque voy a prepararos un lugar. Y cuando haya ido y os haya preparado un lugar, volveré y os tomaré conmigo, para que donde esté yo estéis también vosotros. Y adonde yo voy sabéis el camino». Le dice Tomás: «Señor, no sabemos a dónde vas, ¿cómo podemos saber el camino?». Le dice Jesús: «Yo soy el Camino, la Verdad y la Vida. Nadie va al Padre sino por mí».

«Yo soy el Camino, la Verdad y la Vida. Nadie va al Padre sino por mí».

[36]Hoy, en este Viernes IV de Pascua, Jesús nos invita a la calma. La serenidad y la alegría fluyen como un río de paz de su Corazón

---

[36] Rev. D. Josep Mª Manresa Lamarca (Valldoreix, Barcelona, España).

resucitado hasta el nuestro, agitado e inquieto, zarandeado tantas veces por un activismo tan enfebrecido como estéril.

Son los nuestros los tiempos de la agitación, el nerviosismo y el estrés. Tiempos en que el Padre de la mentira ha inficionado las inteligencias de los hombres haciéndoles llamar al bien mal y al mal bien, dando luz por oscuridad y oscuridad por luz, sembrando en sus almas la duda y el escepticismo que agostan en ellas todo brote de esperanza en un horizonte de plenitud que el mundo con sus halagos no sabe ni puede dar.

Los frutos de tan diabólica empresa o actividad son evidentes: enseñoreado el «sinsentido» y la pérdida de la trascendencia de tantos hombres y mujeres, no solo han olvidado, sino que han extraviado el camino, porque antes olvidaron el Camino. Guerras, violencias de todo género, cerrazón y egoísmo ante la vida (anticoncepción, aborto, eutanasia…), familias rotas, juventud «desnortada», y un largo etcétera, constituyen la gran mentira sobre la que se asienta buena parte del triste andamiaje de la sociedad del tan cacareado «progreso».

En medio de todo, Jesús, el Príncipe de la Paz, repite a los hombres de buena voluntad con su infinita mansedumbre: «No se turbe vuestro corazón. Creéis en Dios: creed también en mí».

(Jn 14, 1). A la derecha del Padre, Él acaricia como un sueño ilusionado de su misericordia el momento de tenernos junto a Él, «para que donde esté yo estéis también vosotros» (Jn 14, 3).

No podemos excusarnos como Tomás. Nosotros sí sabemos el camino. Nosotros, por pura gracia, sí conocemos el sendero que conduce al Padre, en cuya casa hay muchas estancias. En el cielo nos espera un lugar, que quedará para siempre vacío si nosotros no lo ocupamos.

Acerquémonos, pues, sin temor, con ilimitada confianza a Aquél que es el único Camino, la irrenunciable Verdad y la Vida en plenitud.

Pensamientos para el Evangelio de hoy: «Si lo amas, síguelo. ¿Quieres saber por dónde has de ir?: "Yo soy el camino, y la verdad, y la vida". Permaneciendo junto al Padre, Él es la verdad y la vida; al vestirse de carne, se hace camino» (san Agustín).

«El sitio que Jesús va a preparar está en "la casa del Padre". El discípulo podrá estar allí eternamente con el Maestro y participar de su misma alegría. Sin embargo, para alcanzar esa meta, solo hay un camino: Cristo» (san Juan Pablo II).

«La fe en Él introduce a los discípulos en el conocimiento del Padre porque Jesús es "el Camino, la Verdad y la Vida" (Jn 14, 6). La fe da su fruto en el amor: guardar su Palabra, sus manda-- mientos, permanecer con Él en el Padre […][37]».

★★★★★

Este es el mandamiento mío: que os améis los unos a los otros como yo os he amado.

Texto del Evangelio (Jn 15, 12-17)

En aquel tiempo, Jesús dijo a sus discípulos: «Este es el mandamiento mío: que os améis los unos a los otros como yo os he amado. Nadie tiene mayor amor que el que da su vida por sus amigos. Vosotros sois mis amigos, si hacéis lo que yo os mando. No os llamo ya siervos, porque el siervo no sabe lo que hace su amo;

---

[37]   Catecismo de la Iglesia católica, n.º 2614.

a vosotros os he llamado amigos, porque todo lo que he oído a mi Padre os lo he dado a conocer. No me habéis elegido vosotros a mí, sino que yo os he elegido a vosotros, y os he destinado para que vayáis y deis fruto, y que vuestro fruto permanezca; de modo que todo lo que pidáis al Padre en mi nombre os lo conceda. Lo que os mando es que os améis los unos a los otros».

«Este es el mandamiento mío: que os améis los unos a los otros como yo os he amado».

[38]Hoy, el Señor nos invita al amor fraterno: «Que os améis los unos a los otros como yo os he amado» (Jn 15, 12), es decir, como me habéis visto hacer a mí y como todavía me veréis hacer.

Jesús te habla como a un amigo, pues te ha dicho que el Padre te llama, que quiere que seas apóstol, y que te destina a dar fruto, un fruto que se manifiesta en el amor. San Juan Crisóstomo afirma: «Si el amor estuviera esparcido por todas partes, nacería de él una infinidad de bienes».

Amar es dar la vida. Lo saben los esposos que, porque se aman, hacen una donación recíproca de su vida y asumen la responsabilidad de ser padres, aceptando también la abnegación y el sacrificio de su tiempo y de su ser a favor de aquellos que han de cuidar, proteger, educar y formar como personas. Lo saben los misioneros que dan su vida por el Evangelio, con un mismo espíritu cristiano de sacrificio y de abnegación. Y lo saben religiosos, sacerdotes y obispos; lo sabe todo discípulo de Jesús que se compromete con el Salvador.

Jesús te ha dicho un poco antes cuál es el requisito del amor, de dar fruto: «Si el grano de trigo no cae en tierra y muere, queda

---

[38]   Rev. D. Carles Elías i Cao (Barcelona, España).

él solo; pero si muere, da mucho fruto» (Jn 12, 24). Jesús te invita a perder tu vida, a que se la entregues a Él sin miedo, a morir a ti mismo para poder amar a tu hermano con el amor de Cristo, con amor sobrenatural. Jesús te invita a llegar a un amor operante, bienhechor y concreto; así lo entendió el apóstol Santiago cuando dijo: «Si un hermano o una hermana están desnudos y carecen del sustento diario, y alguno de vosotros les dice: "Id en paz, calentaos y hartaos", pero no les dais lo necesario para el cuerpo, ¿de qué sirve? Así también la fe, si no tiene obras, está realmente muerta» (2, 15-17).

Pensamientos para el Evangelio de hoy

«Si buscas un ejemplo de amor: Nadie tiene más amor que el que da la vida por sus amigos. Esto es lo que hizo Cristo en la cruz. Y, por esto, si Él entregó su vida por nosotros, no debemos considerar gravoso cualquier mal que tengamos que sufrir por Él» (santo Tomás de Aquino).

«En su muerte en la cruz se realiza ese ponerse Dios contra sí mismo. Es allí, en la cruz, donde puede contemplarse esta verdad. Y a partir de allí se debe definir ahora qué es el amor. Y, desde esa mirada, el cristiano encuentra la orientación de su vivir y de su amar» (Benedicto XVI).

«Jesús, al aceptar en su corazón humano el amor del Padre hacia los hombres, "los amó hasta el extremo" (Jn 13, 1) porque "Nadie tiene mayor amor que el que da su vida por sus amigos" (Jn 15, 13). Tanto en el sufrimiento como en la muerte, su humanidad se hizo el instrumento libre y perfecto de su amor divino que quiere la salvación de los hombres. En efecto, aceptó libremente su pasión y su muerte por amor a su Padre y a los hombres[39]».

★★★★★

Un samaritano […] tuvo compasión.

1.ª Lectura (Dt 30, 10-14)

Moisés habló al pueblo, diciendo: «Escucha la voz del Señor, tu Dios, observando sus preceptos y mandatos, lo que está escrito en el libro de esta ley, y vuelve al Señor, tu Dios, con todo tu corazón y con toda tu alma. Porque este precepto que yo te mando hoy no excede tus fuerzas, ni es inalcanzable. No está en el cielo, para poder decir: "¿Quién de nosotros subirá al cielo y nos lo traerá y nos lo proclamará, para que lo cumplamos?". Ni está más allá del mar, para poder decir: "¿Quién de nosotros cruzará el mar y nos lo traerá y nos lo proclamará, para que lo cumplamos?". El mandamiento está muy cerca de ti: en tu corazón y en tu boca, para que lo cumplas».

Salmo responsorial: 68

R/. Humildes, buscad al Señor, y revivirá vuestro corazón.

Mi oración se dirige a ti, Señor, el día de tu favor; que me escuche tu gran bondad, que tu fidelidad me ayude. Respóndeme, Señor, con la bondad de tu gracia; por tu gran compasión, vuélvete hacia mí.

---

[39] Catecismo de la Iglesia católica, n.° 609.

Yo soy un pobre malherido; Dios mío, tu salvación me levante. Alabaré el nombre de Dios con cantos, proclamaré su grandeza con acción de gracias.

Miradlo, los humildes, y alegraos; buscad al Señor, y revivirá vuestro corazón. Que el Señor escucha a sus pobres, no desprecia a sus cautivos.

Dios salvará a Sion, reconstruirá las ciudades de Judá. La estirpe de sus siervos la heredará; los que aman su nombre vivirán en ella.

O bien: **Sal 18**

R/. Los mandatos del Señor son rectos y alegran el corazón.

La ley del Señor es perfecta y es descanso del alma; el precepto del Señor es fiel e instruye a los ignorantes.

Los mandatos del Señor son rectos y alegran el corazón; la norma del Señor es límpida y da luz a los ojos.

El temor del Señor es puro y eternamente estable; los mandamientos del Señor son verdaderos y enteramente justos. Más preciosos que el oro, más que el oro fino; más dulces que la miel de un panal que destila.

2.ª Lectura (Col 1, 15-20)

Cristo Jesús es imagen del Dios invisible, primogénito de toda criatura; porque en él fueron creadas todas las cosas: celestes y terrestres, visibles e invisibles. Tronos y Dominaciones, Principados y Potestades; todo fue creado por él y para él.

Él es anterior a todo, y todo se mantiene en él. Él es también la cabeza del cuerpo: de la Iglesia. Él es el principio, el primogénito de entre los muertos, y así es el primero en todo.

Porque en él quiso Dios que residiera toda la plenitud. Y por él y para él quiso reconciliar todas las cosas, las del cielo y las de la tierra, haciendo la paz por la sangre de su cruz.

Versículo antes del Evangelio (Jn 6, 63c.68c): Aleluya. Tus palabras, Señor, son Espíritu y vida. Tú tienes palabras de vida eterna. Aleluya.

Texto del Evangelio (Lc 10, 25-37)

En aquel tiempo, se levantó un maestro de la Ley, y para poner a prueba a Jesús, le preguntó: «Maestro, ¿qué he de hacer para tener en herencia la vida eterna?». Él le dijo: «¿Qué está escrito en la Ley? ¿Cómo lees?». Respondió: «Amarás al Señor tu Dios con todo tu corazón, con toda tu alma, con todas tus fuerzas y con toda tu mente; y a tu prójimo como a ti mismo». Díjole entonces: «Bien has respondido. Haz eso y vivirás».

Pero él, queriendo justificarse, dijo a Jesús: «Y, ¿quién es mi prójimo?». Jesús respondió:

«Bajaba un hombre de Jerusalén a Jericó, y cayó en manos de salteadores, que, después de despojarle y golpearle, se fueron dejándole medio muerto. Casualmente, bajaba por aquel camino un sacerdote y, al verle, dio un rodeo. De igual modo, un levita que pasaba por aquel sitio le vio y dio un rodeo. Pero un samaritano que iba de camino llegó junto a él, y al verle tuvo compasión; y, acercándose, vendó sus heridas, echando en ellas aceite y vino; y montándole sobre su propia cabalgadura, le llevó a una posada y cuidó de él. Al día siguiente, sacando dos denarios, se los dio al posadero y dijo: "Cuida de él y, si gastas algo más, te lo pagaré cuando vuelva"».

«¿Quién de estos tres te parece que fue prójimo del que cayó en manos de los salteadores?».

Él dijo: «El que practicó la misericordia con él». Díjole Jesús: «Vete y haz tú lo mismo».

«Un samaritano […] tuvo compasión; y, acercándose, vendó sus heridas […] y, montándole sobre su propia cabalgadura…».

[40]Hoy, nos preguntamos: «Y, ¿quién es mi prójimo?» (Lc 10, 29). Cuentan de unos judíos que sentían curiosidad al ver desaparecer su rabino en la vigilia del sábado. Sospecharon que tenía un secreto, quizá con Dios, y confiaron a uno el encargo de seguirlo… Y así lo hizo, lleno de emoción, hasta una barriada miserable, donde vio al rabino cuidando y barriendo la casa de una mujer: era paralítica, y la servía y le preparaba una comida especial para la fiesta.

Cuando volvió, le preguntaron al espía: «¿Dónde ha ido? ¿Al cielo, entre las nubes y las estrellas?». Y este contestó: «¡No!, ha subido mucho más arriba».

Amar a los otros con obras es lo más alto; es donde se manifiesta el amor. ¡No pasar de largo!:

«Es el propio Cristo quien alza su voz en los pobres para despertar la caridad de sus discípulos», afirma el Concilio Vaticano II en un documento.

Hacer de buen samaritano significa cambiar los planes («llegó junto a él»), dedicar tiempo («cuidó de él»)… Esto nos lleva a contemplar también la figura del posadero, como dijo san Juan Pablo II: «¡Qué habría podido hacer sin él? De hecho, el posadero, permaneciendo en el anonimato, realizó la mayor parte de

---

[40] Rev. D. Jordi Pou i Sabater (Sant Jordi Desvalls, Girona, España).

la tarea. Todos podemos actuar como él cumpliendo las propias tareas con espíritu de servicio. Toda ocupación ofrece la oportunidad, más o menos directa, de ayudar a quien lo necesita […]. El cumplimiento fiel de los propios deberes profesionales ya es practicar el amor por las personas y la sociedad».

Dejarlo todo para acoger a quien lo necesita (el buen samaritano) y hacer bien el trabajo por amor (el posadero), son las dos formas de amar que nos corresponden: «¿Quién […] te parece que fue prójimo?». «

El que practicó la misericordia con él». Díjole Jesús: «Vete y haz tú lo mismo» (Lc 10, 36-37).

Acudamos a la Virgen María y Ella —que es modelo— nos ayude a descubrir las necesidades de los otros, materiales y espirituales.

Pensamientos para el Evangelio de hoy

«Cuán grande y admirable cosa es la caridad. Roguemos, pues, y supliquémosle que, por su misericordia, nos permita vivir en la caridad» (san Clemente de Roma).

«Buen Samaritano es todo hombre sensible al sufrimiento ajeno, el hombre que "se conmueve" ante la desgracia del prójimo. Es necesario cultivar esta sensibilidad del corazón, que testimonia la compasión hacia el que sufre» (san Juan Pablo II).

«Cuando le hacen la pregunta: "¿Cuál es el mandamiento mayor de la Ley?" (Mt 22, 36), Jesús responde: "Amarás al Señor tu Dios con todo tu corazón, con toda tu alma y con toda tu mente. Este es el mayor y el primer mandamiento. El segundo es semejante a este: Amarás a tu prójimo como a ti mismo. De estos dos mandamientos penden toda la Ley y los Profetas" (Mt

22, 37-40). El Decálogo debe ser interpretado a la luz de este doble y único mandamiento de la caridad, plenitud de la Ley[41]»).

---

[41] Catecismo de la Iglesia católica, n.º 2055.

18

Oraciones

Señor Jesús, Hijo del Dios vivo, con la ayuda de vuestra Santísima Madre la Virgen María, os rogamos que nos iluminéis para llevar a cabo nuestra misión aquí en la Tierra, dando siempre testimonio con nuestra propia vida con fidelidad y compromiso, con alegría, gozo y paciencia. Enviadnos vuestro Espíritu Santo para santificar nuestra vida con amor, responsabilidad y paz, haciendo siempre vuestra voluntad para conseguir nuestros retos en la plenitud de vida, llevando hasta el final y con vuestra protección el espíritu de LAICOS BAUTISMO. Amén.

Nada te turbe,
nada te espante.
Todo se pasa,
Dios no se muda.
La paciencia todo lo alcanza.
Quien a Dios tiene, nada le falta.
Solo Dios basta.

Santa Teresa de Jesús

No me mueve, mi Dios, para quererte
el cielo que me tienes prometido,
ni me mueve el infierno tan temido
para dejar por eso de ofenderte.

Tú me mueves, Señor, muéveme el verte
clavado en una cruz y escarnecido,
muéveme ver tu cuerpo tan herido,
muéveme tus afrentas y tu muerte.
Muéveme, en fin, tu amor, y en tal manera,
que, aunque no hubiere cielo, yo te amara;
y, aunque no hubiera infierno, te temiera.

No me tienes que dar porque te quiera,
Pues, aunque lo que espero no esperara,
lo mismo que te quiero te quisiera.

AL SANTÍSIMO SACRAMENTO
(Gerardo Diego)

Entre tantas dudosas certidumbres
que me mienten, halagan los sentidos,
Tú, callado y sin nubes, tan desnudo,
tan transparente de ternura y trigo,
¿qué me quieres decir —labios sellados—
desde tu oculto y cándido presidio?

¿Qué me destellas, ay, qué me insinúas,
qué me quieres, Amor, Secreto mío?
Porque las ondas que abres y propagas
desde la fresca fuente de tu círculo
me alcanzan y me anegan, me coronan,
me ciñen de suavísimos anillos.
Mas ya sé lo que quieres, lo que buscas.
Si la Esperanza es prenda de prodigios,
si el sol de Caridad arde sin tregua,
lo que pides es Fe, los ojos niños.
Quererte, sí, creerte. ¿Tú me esperas?
¿Me quieres Tú? ¿De veras que yo existo?
¿Tú me crees Señor? Yo creo y quiero
creer en Ti, quererte a Ti y contigo.

Sí, mi divino prisionero errante,
mi voluntario capitán cautivo,
mi disfrazado amante de imposibles,
mi cifra donde anida el infinito.
Sí. Tú eres Tú, te creo y te conozco.
Ya te aprendí, y te sé, paz del Espíritu.
Prosternarse, humillarse: eso fue todo.
Deponer, abdicar cetros, designios.
Por Ti, hasta la indigencia, hasta el despojo,
quedarse en puros huesos desvalidos.
La reina Inteligencia hágase esclava,
sea la Voluntad sierva de siglos.
Y queden ahí devueltos, desmontados,
en su estuche de raso los sentidos.

Veo y no veo, palpo y nada palpo,
escucho sordo y flor de ausencia aspiro.
No hay más que una verdad: Tú, Rey de Reyes.
Tú, Sacramento, Corpus Christi, Cristo.

Ya me tienes vaciado,
vacante de fruto y flor,
desposeído de todo,
todo para Ti, Señor.

No soy más que tu proyecto,
tu disponibilidad.
Lléname de amor y cielo,
rebósame de piedad.

He enmudecido mi música
en silencio de tapiz.
Me negué hasta el claro sueño,
hasta la misma raíz.

Ven, ruiseñor, a habitarme.
Hazme cuna de Belén.
Ven a cantar en mi jaula
abierta infinita, ven.

Rosas en el ocaso de la víspera,
las nubes hoy se han despertado blancas.
Es ya la aurora bajo palio de oro,
la gloria teologal de la mañana.

Deslumbradora nieve en las cortinas
que descorren dos ángeles de brasa
y en medio el pecho azul de cielo, abierto
para dar paso a un Sol que se le salta.
El sol, el sol de Corpus.
Cómo vibran
sus rayos de oro y miel,
cómo remansan
recogiéndose al centro,
al hogar íntimo
donde un cordero su toisón reclama.

Pero ¿qué traslación, qué meteoro
es este que me busca, que me abraza?
Viene por mí, cae hacia mí derecho,
y en lugar de crecer, cuanto más baja,
más se aprieta de amor, más se reduce,
se achica, se cercena, se acompasa,
hasta inscribirse humilde en la estatura
del mísero dintel de mi cabaña.

Oh, sol, que el cielo entero no te ciñe
y en sus collados últimos derramas
la unidad de tu ser con brío y luces
que no saben de eclipses ni distancias.
Yo no soy digno, no, de contemplarte,
de encerrarte en mi pecho, torpe casa
de la abominación, lonja del crimen,
apenas hoy barrida y alfombrada.

Mas ya el milagro se consuma, y tomo,
comulgo el pan de la divina gracia.

No soy digno, no era digno,
pero ahora un templo soy.
Ilumínense mis bóvedas
y todo temblando estoy.

Esto que vuela en mi bosque
es un pájaro de luz,
es una flecha con alas
desclavada de una cruz.

Y se ahínca en mi madera
y me embriaga de olor.
Ya, aunque se disuelva en brisa,
me quedará el resplandor.

Quédate, fuego conmigo.
Espera un instante, así.
Transparéntame mis huesos.
No te separes de mí.

Dentro de mí te guardo, oh, Certidumbre,
como de mosto en agraz guarda el racimo.
Te siento navegando por mis venas
como la madre mar a sus navíos.
Dentro de mí, fuera de mí, impregnándome,
como a la abeja mieles y zumbidos,

como la luz al fuego o como el suave
calor, calor al reflejar del vidrio.
Te oigo cantar, orillas de mi lengua,
florecer en silencio de martirios.
Dulce y concreto estás en mí encerrado.

Lo que ignoran los hombres, pajarillos
lo saben bien, lo rizan, lo gorjean,
flores lo aroman por los huertos tibios,
estrellas lo constelan, lo tachonan,
telegrafían destellando visos,
ángeles del amor lo vuelan fúlgidos,
lo velan rumorosos y purísimos.

Tierno y preciso estás, manso y sin prisa,
dulce y concreto estás, Secreto mío.
¿Qué valen todas mis verdades turbias
ante esa sola, oh Sacramento nítido?
En Ti y por Ti yo espero y creo y amo,
en Ti y por Ti, mi Pan, Misterio mío.

EN ESTA TARDE, CRISTO DEL CALVARIO
(Gabriela Mistral)

En esta tarde, Cristo del Calvario,
vine a rogarte por mi carne enferma;
pero, al verte, mis ojos van y vienen
de tu cuerpo a mi cuerpo con vergüenza.

¿Cómo quejarme de mis pies cansados
cuando veo los tuyos destrozados?
¿Cómo mostrarte mis manos vacías
cuando las tuyas están llenas de heridas?
¿Cómo explicarte a ti mi soledad,
cuando en la cruz alzado y solo estás?
¿Cómo explicarte que no tengo amor,
cuando tienes rasgado el corazón?
Ahora ya no me acuerdo de nada,
huyeron de mí todas mis dolencias.
El ímpetu del ruego que traía
se me ahoga en la boca pedigüeña.
Y solo pido no pedirte nada,
estar aquí, junto a tu imagen muerta,
ir aprendiendo que el dolor es solo
la llave santa de tu santa puerta.

«A través de todos los caminos se encuentra a Dios, pero es necesario tomar uno y seguirlo hasta el final».

Más o menos con esas palabras, mi padre espiritual trataba de hacerme entender la necesidad de la osadía interior que lleva a la consagración de la vida. Trataba con ello de mostrarme la insuficiencia de la duda como método de aprendizaje.

Me sugería abandonar al «buscador» que vivía en mí, tratando de impulsar el nacimiento del consagrado, de aquel que, totalmente determinado, ha dejado a un lado las alternativas.

Hoy en día suele estar bien vista la actitud de búsqueda constante, de no compromiso con ningún camino, como si en ese andar de aquí para allá, radicara algún valor de autosuficiencia o de presunta independencia individual. Esta veleidad de nunca decidirse es muy pariente del consumismo, que traslada a lo espiritual lo mismo que se hace con lo material.

Se recorren senderos o métodos del mismo modo que se transita ante las vidrieras. La vida se equipara entonces a un movimiento constante en pos de aquello que nos satisfaga y pretendemos encontrar el camino que nos acomode perfectamente; como si nosotros representáramos un molde al cual debiera adaptarse el universo.

Consagrar la vida requiere el dejamiento de las opciones antes consideradas en la historia personal. Detectar la inclinación del corazón, a través de la cual se manifiesta la vocación y seguirla con profundidad, por el resto de la vida.

De otro modo estaremos siempre «en los comienzos». Esto es renuncia y es riesgo, implica una valerosa toma de decisión y lleva consigo la necesidad del compromiso.

De ahí la necesidad y la utilidad de la formulación de los votos. Sean estos privados o públicos, temporales o perpetuos, solemnes o en extremos simples; son el secreto del alma que constituye un antes y un después en el camino espiritual.

Los votos son siempre ante Dios, como todo lo que hacemos, y ante nosotros mismos, aunque sirvan a ello los representantes de la Iglesia o aquellos que encarnan el carisma al cual adherimos.

El voto nos da un criterio fijo según el cual evaluaremos en adelante nuestra vida. Nos da el marco de nuestra ascesis, brinda dirección definitiva a nuestros esfuerzos. Hacemos el voto o los votos desde el lugar en nosotros donde vive una fe inquebrantable; desde la audacia que nos llevó a la elección.

El consagrado sabe que habrá error y caída y avances y retrocesos, pero se halla comprometido; en adelante vivirá para ser coherente con la promesa formulada.

Sujeto a una regla o norma de vida, por lo general bajo alguna obediencia, siempre sujeto a su particular apostolado, el ofrecido trabaja para mantener bajo yugo la propia voluntad[42].

MORIR A MÍ, VIVIR TU VIDA
(Calderón de la Barca)

¿Qué quieres?
¿Qué quiero, mi Jesús?
Quiero quererte,
quiero cuanto hay en mí, del todo darte
sin tener más placer que el agradarte,
sin tener más temor que el ofenderte.
Quiero olvidarlo todo y conocerte,
quiero dejarlo todo para buscarte,
quiero perderlo todo para hallarte,
quiero ignorarlo todo para saberte.
Quiero, amable Jesús, abismarme
en ese dulce hueco de tu herida,
y en sus divinas llamas abrasarme.
Quiero, por fin, en Ti transfigurarme,
morir a mí, para vivir tu vida,
perderme en Ti, Jesús, y no encontrarme.

---

[42] elsantonombre.com

VUESTRA SOY, PARA VOS NACÍ
(santa Teresa de Jesús)

Vuestra soy, para Vos nací,
¿qué mandáis hacer de mí?
Soberana Majestad,
eterna sabiduría,
bondad buena al alma mía;
Dios alteza, un ser, bondad,
la gran vileza mirad
que hoy os canta amor así:
¿Qué mandáis hacer de mí?
Vuestra soy, pues me criasteis,
vuestra, pues me redimisteis,
vuestra, pues que me sufristeis,
vuestra, pues que me llamasteis,
vuestra, porque me esperasteis,
vuestra, pues no me perdí.
¿Qué mandáis hacer de mí?
¿Qué mandáis, pues, buen Señor,
que haga tan vil criado?
¿Cuál oficio le habéis dado
a este esclavo pecador?
Veisme aquí, mi dulce Amor,
amor dulce, veisme aquí.
¿Qué mandáis hacer de mí?
Veis aquí mi corazón,
yo le pongo en vuestra palma,
mi cuerpo, mi vida y alma,

mis entrañas y afición;
dulce esposo y redención,
pues por vuestra me ofrecí.
¿Qué mandáis hacer de mí?
Dadme muerte, dadme vida:
dad salud o enfermedad,
honra o deshonra me dad,
dadme guerra o paz crecida,
flaqueza o fuerza cumplida,
que a todo digo que sí.
¿Qué mandáis hacer de mí?
Dadme riqueza o pobreza,
dad consuelo o desconsuelo,
dadme alegría o tristeza,
dadme infierno o dadme cielo,
vida dulce, sol sin velo,
pues del todo me rendí.
¿Qué mandáis hacer de mí?
Si queréis, dadme oración,
si no, dadme sequedad,
si abundancia y devoción,
y si no esterilidad.
Soberana Majestad,
solo hallo paz aquí.
¿Qué mandáis hacer de mí?
Dadme, pues, sabiduría,
o por amor, ignorancia;
dadme años de abundancia,
o de hambre y carestía;

dad tiniebla o claro día,
revolvedme aquí o allí.
¿Qué mandáis hacer de mí?
Si queréis que esté holgando,
quiero por amor holgar.
Si me mandáis trabajar,
morir quiero trabajando.
Decid, ¿dónde, cómo y cuándo?
Decid, dulce Amor, decid:
¿qué mandáis hacer de mí?
Dadme Calvario o Tabor,
desierto o tierra abundosa;
sea Job en el dolor,
o Juan que al pecho reposa;
sea viña fructuosa
o estéril, si cumple así:
¿qué mandáis hacer de mí?
Sea José puesto en cadenas,
o de Egipto adelantado,
o David sufriendo penas,
o ya David encumbrado;
sea Jonás anegado,
o libertado de allí.
¿Qué mandáis hacer de mí?
Esté callando o hablando,
haga fruto o no le haga,
muéstreme la ley mi llaga,
goce de Evangelio blando;
esté penando o gozando,

solo vos en mí vivid.
¿Qué mandáis hacer de mí?
Vuestra soy, para vos nací,
¿Qué mandáis hacer de mí?

19

El papa Francisco dijo...

«Piensen en una madre soltera que va a la Iglesia o a la parroquia y le dice al secretario: "QUIERO BAUTIZAR A MI HIJO". Y el que le atiende le dice: "No, no se puede, porque usted no se ha casado...".

»Tengamos en cuenta que esta madre tuvo el valor de continuar con un embarazo y ¿con qué se encuentra? ¡Con una puerta cerrada! Y así, si seguimos este camino y con esta actitud, no estamos haciendo bien a la gente, al Pueblo de Dios. Jesús creó los siete sacramentos y con este tipo de actitud creamos un octavo: ¡el Sacramento de la aduana pastoral! Quien se acerca a la Iglesia debe encontrar puertas abiertas y no fiscales de la fe.

»Necesitamos santos sin velo, sin sotana. Necesitamos santos de *jeans* y zapatillas.

»Necesitamos santos que vayan al cine, escuchen música y paseen con sus amigos.

»Necesitamos santos que coloquen a Dios en primer lugar y que sobresalgan en la universidad. »Necesitamos santos que busquen tiempo para rezar cada día y que sepan enamorarse en la pureza y castidad, o que consagren su castidad.

»Necesitamos santos modernos, santos del siglo XXI con una espiritualidad insertada en nuestro tiempo.

»Necesitamos santos comprometidos con los pobres y los necesarios cambios sociales.

»Necesitamos santos que vivan en el mundo, se santifiquen en el mundo y que no tengan miedo de vivir en el mundo.

»Necesitamos santos que tomen Coca Cola y coman *hot dogs*, que sean internautas, que escuchen *iPod*.

»Necesitamos santos que amen la Eucaristía y que no tengan vergüenza de tomar una cerveza o comer pizza el fin de semana con los amigos.

»Necesitamos santos a los que les guste el cine, el teatro, la música, la danza, el deporte.

»Necesitamos santos sociables, abiertos, normales, amigos, alegres, compañeros.

»Necesitamos santos que estén en el mundo y que sepan saborear las cosas puras y buenas del mundo, pero sin ser mundanos. ¡Esos tenemos que ser nosotros!

20

Epílogo

El estilo de vida que Jesús proclama no se fundamenta en el cumplimiento de normas. Es verdad, las normas son necesarias, porque nos sirven de guía para el camino, pero para Jesús no es posible fundamentar una relación de amor en un conjunto de reglas. Los tiempos mesiánicos no se rigen por los almidonados detalles de una ley, sino por un nuevo modo de relacionarse con el Padre. Esto se puede vivir solo desde la novedad del evangelio, en el corazón del hombre nuevo, en quien busca un cambio de mente y corazón… Ciertamente, un proceso de toda la vida. Lo importante es no desesperar y abrirse a la acción del Espíritu… Dios nunca defrauda.

Ser discípulo de Jesús no es seguir una doctrina o un libro… es identificarse con Él, adherirse a Jesús y aceptarlo en la propia vida, implica comer su cuerpo y beber su sangre… es decir, asimilar su realidad humana: su carne… su vida, y su sangre… su muerte. El discípulo debe asumir el Cristo total, así como Él asumió nuestra naturaleza humana. Por eso, la adhesión a Jesús no es solo exterior: Jesús no es un modelo al que imitar, sino una realidad que hay que asumir e interiorizar. Esta comunión íntima es la que transforma la vida y provoca la sintonía tan especial con Jesús. Quien vive esta experiencia posee ya la vida sin fin…

Vive cada día de tu vida como si fuese el primer día de tu existencia, como si fuese el único día de que disponemos, como si fuese el último día de nuestra vida.

LAICOS CONSAGRADOS POR EL BAUTISMO

Índice